银行业专业人员职业资格考试(初级)

高频考点

个人贷款

目　录

章节练习　微信扫描

第一章　个人贷款概述

第一节　个人贷款的性质和发展

随书赠送
智能题库
获取方式
见书背面

高频考点1　个人贷款的概念

(1)个人贷款是指贷款人向符合条件的自然人发放的用于个人消费、生产经营等用途的本外币贷款。

(2)个人贷款与公司贷款的主要区别。个人贷款是以主体特征为标准进行贷款分类的一种结果,即借贷合同关系的主体双方分别是银行和自然人。

(3)个人贷款可以成为商业银行分散风险的资金运用方式。

高频考点2　个人贷款的意义

(1)针对商业银行。

①为商业银行带来新的收入来源:如正常利息收入之外的服务费。

②帮助商业银行分散金融风险。商业银行出于风险控制的目的,贷款发放需要充分分散化,避免过于集中。

(2)针对宏观经济。

①有效支持城乡居民的消费需求,满足人民的生活需要。

②扩大市场内需,推动相关企业的生产,带动相关产业,对国民经济稳定、持续、快速、健康的发展起到了推动作用。

③对启动、培育和繁荣消费市场起催化和促进的作用。

④对商业银行调整信贷结构、提高信贷资产质量、增加经营效益以及繁荣金融业起促进的作用。

高频考点3　个人贷款的特征

(1)贷款品种多样、用途广泛。

①个人贷款品种包括个人消费类贷款、个人经营类贷款、自营性个人贷款、委托性个人贷款、单一性个人贷款、组合性个人贷款等。

②个人贷款可满足个人购买消费用品、旅游、装修、解决临时性资金周转问题、从事生产经营等多个方面的需求。

(2)办理方式便利。

①客户可通过银行营业网点、个人贷款服务中心、网上银行、电话银行等方式咨询个人贷款业务。

②客户可在银行所辖营业网点、个人贷款服务中心、第三方合作平台、网上银行等多个渠道办理个人贷款业务。

(3)还款方式灵活。

①还款方式包括等额本息还款法、等额本金还款法、等比累进还款法、等额累进还款法及组合还款法等。

②客户可根据自身需求及还款能力的变化情况,与商业银行协商后改变还款方式。

(4)资本消耗较低(最明显的特征)。《商业银行资本管理办法(试行)》(2012年6月7日颁布,2013年1月1日实施)将个人贷款的风险权重由100%下调至75%,住房抵押贷款的首套房风险权重为45%、二套房风险权重为60%,而公司类贷款风险权重目前为100%。

高频考点4　个人贷款的发展历程

(1)起步期:产生和发展——住房制度改革。20世纪80年代中期,中国建设银行率先在国内开办个人住房贷款业务,各商业银行紧跟其后,至今已有30多年的历史。

(2)发展期:蓬勃发展——国内消费和创业需求增长。1999年2月,中国人民银行颁布《关于开展个人消费信贷的指导意见》,个人消费信贷业务得以迅速发展。

(3)规范期:规范发展——商业银行股份制改革。2010年2月12日,国务院银行业监督管理机构颁布《个人贷款管理暂行办法》,这是我国出台的第一部个人贷款管理法规。法规强调贷款调查环节,要求严格执行贷款面谈制度,提倡从源头上防范风险。

第二节　个人贷款产品的种类

高频考点1　个人消费类贷款与个人经营类贷款(按产品用途分)

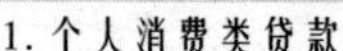
1. 个人消费类贷款

(1)个人住房贷款。

①个人住房贷款是指银行向自然人发放的用于购买、建造和大修理各类型住房的贷款。

②个人住房贷款包括自营性个人住房贷款、公积金个人住房贷款和个人住房组合贷款。

◆自营性个人住房贷款(商业性个人住房贷款)是指银行运用信贷资金向在城镇购买、建造或大修理住房的自然人发放的贷款。

◆公积金个人住房贷款(委托性住房公积金贷款)是指由各地住房公积金管理中心运用个人及其所在单位缴纳的住房公积金,委托商业银行向购买、建造、翻建、大修自住住房的住房公积金缴存人以及在职期间缴存住房公积金的离退休职工发放的专项住房贷款。其特点是不以营利为目的,实行"低进低出"利率政策,贷款额度受限,是一种政策性个人住房贷款。

◆个人住房组合贷款是指按时足额缴存住房公积金的职工在购买、建造或大修住房的同时,可以申请公积金个人住房贷款和自营性个人住房贷款,从而形成特定的个人住房贷款组合。

(2)个人汽车贷款。

①个人汽车贷款是指银行向自然人发放的用于购买汽车的贷款。

②分类。

◆按所购车辆用途划分:自用车贷款(不以营利为目的);商用车贷款(以营利为目的)。

◆按所购车辆注册登记情况划分:新车贷款;二手车贷款。

(3)个人教育贷款。

①个人教育贷款是指银行向在读学生或其直系亲属、法定监护人发放的用于满足其就学资金需求的贷款。

②分类(按贷款性质划分)。

◆国家助学贷款是指由政府主导、财政贴息、财政和高校共同给予银行一定风险补偿金,银行、教育行政部门与高校共同操作的,帮助高校家庭经济困难的学生支付在校学习期间所需的学费、住宿费的银行贷款。

国家助学贷款的特点/原则:财政贴息、风险补偿、信用发放、专款专用、按期偿还。

◆生源地信用助学贷款是指商业银行向符合条件的家庭经济困难的普通高校新生和在校生发放的,在学生入学前户籍所在县(市、区)办理的助学贷款。

◆商业助学贷款是指银行按商业原则自主向自然人发放的用于支持境内高等院校学生学费、住宿费和就读期间基本生活费的商业贷款。

商业助学贷款特点/原则：部分自筹、有效担保、专款专用、按期偿还。

◆个人留学贷款是指银行向个人发放的用于留学所需学杂费、生活费或留学保证金的个人贷款。

(4)其他个人消费贷款。其他个人消费贷款是指除上述用途以外的，用于购买大额耐用消费品、旅游以及医疗服务等专项用途的个人消费类贷款。

2. 个人经营类贷款

(1)个人经营类贷款是指银行向从事合法生产经营的自然人发放的，用于购买商用房以及用于满足个人控制的企业(包括个体工商户)生产经营流动资金需求和其他合理资金需求的贷款。

(2)个人经营类贷款包括个人经营贷款、个人商用房贷款、农户贷款、创业担保贷款。

高频考点2　个人抵押贷款、个人质押贷款、个人保证贷款和个人信用贷款(按有无担保分)

1. 个人抵押贷款

(1)个人抵押贷款是指贷款银行以借款人或第三人提供的、经贷款银行认可的、符合规定条件的财产作为抵押物而向自然人发放的贷款。当借款人不履行还款义务时，贷款银行有权依法以该财产折价或者拍卖、变卖财产的价款优先受偿。

【提示】个人抵押贷款、个人质押贷款、个人保证贷款为有担保贷款，个人信用贷款为无担保贷款。

(2)特点。

①先授信，后用信。

②一次授信，循环使用。

③贷款用途综合化。

2. 个人质押贷款

(1)个人质押贷款是指自然人以合法有效、符合银行规定条件的质物出质，向银行申请取得一定金额的贷款。

(2)特点。

①贷款风险较低，担保方式相对安全。

②时间短、周转快、手续简便。

③操作流程短。

④质物范围广泛。

3. 个人保证贷款

(1)个人保证贷款是指银行以银行认可的，具有代位清偿债务能力的法人、其他经济组织或自然人作为保证人而向自然人发放的贷款。当借款人不履行还款义务时，由保证人按照约定履行或承担还款责任。

(2)特点包括手续简便、办理时间短、环节少。

4. 个人信用贷款

(1)个人信用贷款是指银行向自然人发放的无须担保的贷款。

(2)特点包括准入条件严格、贷款额度小、贷款期限短。

第三节　个人贷款产品的要素

高频考点1　贷款对象

个人贷款的对象仅限于自然人，而不包括法人。个人贷款客户至少满足以下基本条件。

(1)具有完全民事行为能力且年龄在18(含)~65周岁(含)的自然人。

(2)具有合法有效的身份证明(居民身份证、户口簿及其他有效身份证明)及婚姻状况证明等。

(3)遵纪守法,无违法行为,无违约记录,具有良好的信用状况。

(4)具有稳定的收入来源和按时足额偿还贷款本息的能力。

(5)具有还款意愿。

(6)具有真实合法的贷款使用用途。

(7)金融机构规定的其他具体要求。

高频考点2 贷款利率

(1)贷款期限在1年以内(含1年)的,实行合同利率,遇法定利率调整不分段计息,执行原合同利率。

(2)贷款期限在1年以上的,合同期内遇法定利率调整时,可由借贷双方按商业原则确定,可在合同期间按月、按季、按年调整,也可采用固定利率的确定方式。

高频考点3 贷款期限

(1)贷款期限是指从具体贷款产品发放到约定的最后还款或清偿的期限。

(2)经贷款人同意,个人贷款可以展期。具体期限的规定如下。

①1年以内(含1年)的个人贷款:展期期限累计不得超过原贷款期限。

②1年以上的个人贷款:展期期限累计与原贷款期限相加,不得超过该贷款品种规定的最长贷款期限。

高频考点4 还款方式

(1)到期一次性还本付息法是指借款人须在贷款到期日还清贷款本息,利随本清。

(2)按月还息、到期一次性还本还款法是指在贷款期限内每月只还贷款利息,贷款到期时一次性归还贷款本金。

(3)等额本息还款法是指在贷款期内每月以相等的额度平均偿还贷款本息。其每月还款额的计算公式:$[月利率\times(1+月利率)^{还款期数}]/[(1+月利率)^{还款期数}-1]\times 贷款本金$。

(4)等额本金还款法是指在贷款期内每月等额偿还贷款本金,贷款利息随本金逐月递减。其每月还款额的计算公式:贷款本金/还款期数+(贷款本金-已归还贷款本金累计额)×月利率。

(5)等比累进还款法是指借款人在贷款发放一定期间内以固定比例增加或减少还款额,并在后期每月等额摊还的一种还款方式。预期未来收入递增,可选择等比递增法,减少提前还款的麻烦。预期未来收入递减,可选择等比递减法,减少利息支出。

(6)等额累进还款法是指借款人在贷款发放一定期间内以固定额度增加或减少还款额,并在后期每月等额摊还的一种还款方式。借款人收入增加,可采取增大累进额、缩短间隔期等办法。借款人收入减少,可采取减少累进额、扩大间隔期等办法。

(7)组合还款法是指将贷款本金分段偿还,依据资金的实际占用时间计算利息的还款方式。其典型例子为"随心还""气球贷"。

高频考点5 担保方式

(1)从控制风险的角度讲,当借款人采用一种担保方式不能足额担保时,贷款银行一般要求借款人组合使用不同的担保方式对贷款进行担保。

(2)担保方式主要有抵押担保、质押担保、保证担保。

第二章　个人贷款管理

第一节　个人贷款管理原则

随书赠送
智能题库
获取方式
见书背面

高频考点　个人贷款管理的原则

(1)全流程管理原则。将有效的信贷风险管理行为贯穿到贷款生命周期中的每一个环节。

(2)诚信申贷原则。借款人恪守诚实守信原则,按照贷款人要求的具体方式和内容提供贷款申请材料,并且承诺所提供材料是真实、完整、有效的。

(3)协议承诺原则。银行业金融机构与借款人及相关方签订完备的贷款合同等协议文件,规范各方有关行为,明确各方权利义务和法律责任,调整各方法律关系。

(4)审贷分离原则。银行业金融机构将贷款审批与贷款发放作为两个独立的业务环节,分别管理和控制,以达到降低信贷业务操作风险的目的。

(5)实贷实付原则。银行业金融机构根据借款人的有效贷款需求,主要通过贷款人受托支付的方式,将贷款资金支付给符合合同约定的借款人交易对象的过程。

(6)贷后管理原则。贷后管理是指商业银行在贷款发放以后所开展的信贷风险管理工作。

第二节　个人贷款流程

高频考点1　贷款的受理

(1)贷前咨询的主要内容。

①个人贷款品种的介绍。

②申请个人贷款应具备的条件。

③申请个人贷款须提供的资料。

④办理个人贷款的程序。

⑤个人贷款合同中的主要条款。

⑥获取个人贷款申请书、申请表格及相关信息的渠道。

⑦个人贷款经办机构的地址及联系电话。

⑧其他相关内容。

(2)个人贷款申请应具备的条件。

①借款人为具有完全民事行为能力的中华人民共和国公民或符合国家有关规定的境外自然人。

②贷款用途明确合法。

③贷款申请数额、期限和币种合理。

④借款人具备还款意愿和还款能力。

⑤借款人信用状况良好,无重大不良信用记录。

⑥贷款人要求的其他条件。

(3)贷款受理人应对借款申请人提交的借款申请书及申请材料进行初审,主要审查借款申请人的主体资格及其提交材料的完整性与规范性。

高频考点2　贷款的审批

(1)根据审慎性原则,完善授权管理制度,规范审批操作流程,明确贷款审批权限,实行审贷分离和授权审批制度,确保贷款审批人员按照授权独立审批贷款。

(2)贷款审批人根据银行个人贷款办法及相关规定,结合国家宏观调控政策或业务投向政策,从银行利益出发,审查每笔个人贷款业务的合规性、可行性及经济性,根据借款申请人的偿还能力及抵押担保的充分性与可行性等情况,分析该笔业务预计给银行带来的风险和收益。

(3)采取单人审批时,贷款审批人直接在个人信贷业务审批表上签署审批意见。采取双人或多人审批时,审批人各自签署审批意见。

①单人审批:贷款审批人直接在个人信贷业务审批表上签署审批意见。

②双人审批:两名贷款审批人同时签署“同意”意见时,审批方可通过。

③多人审批(2/3 多数票原则):“同意”票数达评审人数 2/3 及以上时,审批方可通过。

【提示】“同意”表示完全同意按申报的方案办理该笔业务;“否决”表示不同意按申报的方案办理该笔业务。

(4)经审批同意或有条件同意的贷款,如贷款条件与申报审批的贷款方案内容不一致的,应提出明确的调整意见,信贷经办人员应及时通知借款申请人并按要求落实有关条件、办理合同签约和发放贷款等。

(5)贷款审批中的注意事项。

①确保贷款业务的办理符合银行政策及制度。

②确保贷款申请资料合规,资料审查流程严密。

③确保贷款方案合理,对每笔借款申请的风险情况进行综合判断,保证贷款审批质量。

④确保符合转授权规定,对于单笔贷款超过经办行审批权限的,必须逐笔将贷款申请及经办行审批材料报上级行进行后续审批。

⑤确保严格按照流程逐级审批。

高频考点3　贷款的签约

(1)贷款签约人员应根据审批意见确定应使用的合同文本并填写合同。填写合同时需要注意以下几点。

①合同文本要使用统一格式的个人贷款的有关合同文本。对于有特殊要求的单笔贷款,可以在合同中的其他约定事项中进行约定。

②合同填写必须做到标准、规范、要素齐全、数字正确、字迹清晰、不错漏、不潦草,防止涂改。

③需要填写空白栏,且空白栏后有备选项的,在横线上填好选定的内容后,对未选的内容应加横线表示删除;合同条款有空白栏,但根据实际情况不准备填写内容的,应加盖“此栏空白”字样的印章。

④贷款金额、贷款期限、贷款利率、担保方式、还款方式、划款方式等有关条款要与贷款最终审批意见一致。

【提示】同笔贷款的合同填写人与合同复核人不得为同一人。

(2)合同填写完毕后,填写人员应及时将有关合同文本交由合同复核人员进行复核。

合同复核人员负责根据审批意见复核合同文本及附件填写的完整性、准确性、合规性。

(3)合同填写且复核无误后,贷款签约人员应负责与借款人(包括共同借款人)、担保人(抵押人、出质人、保证人)签订合同。签订合同时需要注意以下几点。

①在签订(预签)有关合同文本前,应履行充分告知义务。

②借款人、保证人为自然人的,应当面核实签约人身份证明之后由签约人当场签字;贷款人委托第三方办理的,应对抵押物登记情况予以核实。

③对采取抵押担保方式的,应要求抵押物共有人在相关合同文本上签字。

④借款人、担保人等签字后,贷款签约人员应将有关合同文本、贷款调查审批表和合同文本复核记录等材料送交银行个人贷款合同有权签字人审查,审查通过后在合同上签字或加盖按个人签字笔迹制作的个人名章,之后按照用印管理规定负责加盖银行个人贷款合同专用章。

⑤银行可根据实际情况决定是否办理合同公证。

高频考点4 贷款的发放

贷款的发放需要满足以下条件。

(1)需要办理保险、公证等手续的,有关手续已经办理完毕。

(2)对采取委托扣划还款方式的借款人,要确认其已在银行开立还本付息账户用于归还贷款。

(3)对采取抵(质)押的贷款,要落实贷款抵(质)押手续。

(4)对保证人为自然人的,应明确并落实履行保证责任的具体操作程序;对保证人有保证金要求的,应要求保证人在银行存入一定期限的还本付息额的保证金。

高频考点5 贷款支付管理

(1)贷款人受托支付是指贷款人根据借款人的提款申请及支付委托,将贷款资金支付给符合合同约定用途的借款人交易对象。

(2)借款人自主支付是指贷款人根据借款人的提款申请将贷款资金直接发放至借款人账户,并由借款人自主支付给符合合同约定用途的借款人交易对象。

(3)个人贷款原则上应当采用贷款人受托支付的方式向借款人交易对象支付。但存在下列情形之一的个人贷款,经贷款人同意可以采取借款人自主支付方式。

①借款人无法事先确定具体交易对象且金额不超过30万元人民币的。

②借款人交易对象不具备条件有效使用非现金结算方式的。

③贷款资金用于生产经营且金额不超过50万元人民币的。

④法律法规规定的其他情形。

高频考点6 贷后管理

1.贷后管理的概念与内容

(1)贷后管理是指贷款发放后到合同终止期间对有关事宜的管理。

(2)贷后管理包括贷后检查、合同变更、本息回收、贷款的风险分类与不良贷款管理以及贷款档案管理等。

2.贷后检查

(1)贷后检查是指以借款人、保证人、抵(质)押物为对象,通过客户提供、访谈、实地检查、行内资源查询等途径获取信息,对影响贷款资产质量的因素进行持续跟踪调查、分析,并采取相应预防或补救措施的过程。

(2)对借款人的检查。

①贷款资金的使用情况。

②借款人是否按期足额归还贷款。

③借款人的工作单位、收入水平是否发生变化。

④定期查询相关系统,了解借款人在其他金融机构的信用状况。

⑤借款人的住所、抵押房产情况、价值权属及联系电话是否发生变化。

⑥是否发生可能影响借款人还款能力或还款意愿的突发事件,如卷入重大经济纠纷、诉讼或仲裁程序,家庭发生重大变化,借款人身体状况恶化或突然死亡等。

(3)对担保情况的检查。

①主要内容包括保证人的经营状况和财务状况,抵押物的存续状况、使用状况、价值变化情况,质押权利凭证的时效性和价值变化情况等,对以商用房抵押的,对商用房的出租情况及商用房价格波动情况进行监测及其他可能影响担保有效性的因素。

②注意事项。

◆贷款经办行可定期对正常贷款进行抽查。

◆对于借款人未按合同承诺提供真实、完整信息和未按合同约定用途使用、支付贷款等行为,银行应当按照法律法规规定和借款合同的约定,追究其违约责任。

◆发现贷款逾期的,应立即进行贷后检查,对存量逾期或欠息贷款的检查间隔期最长不超过1个月。

3. 合同变更

(1)合同主体。

①在合同履行期间,须变更借款合同主体的,借款人或财产继承人持有效法律文件,向贷款银行提出书面申请。

②经办人应对变更后的借款人主体资格、资信情况进行调查,核实担保人是否同意继续提供担保等,形成书面调查报告后,按贷款审批程序进行审批。

③经审批同意变更借款合同主体后,贷款银行与变更后的借款人、担保人重新签订有关合同文本。

④当发生保证人失去保证能力或保证人发生破产、分立、合并等情况时,借款人应及时通知贷款银行,并重新提供贷款银行认可的担保。

⑤借款人在还款期限内死亡、宣告死亡、宣告失踪或丧失民事行为能力后,如果没有财产继承人和受遗赠人,或者继承人、受遗赠人拒绝履行借款合同的,贷款银行有权提前收回贷款,并依法处分抵押物或质物,用以归还未清偿部分。

(2)借款期限。

①借款期限是指借款人因某种特殊原因,向贷款银行申请变更贷款还款期限,包括延长期限、缩短期限等。

②借款期限调整必须具备的条件包括贷款未到期,无欠息,无拖欠本金,本期本金已归还。

③延长期限。

◆延长期限是指借款人申请在原来借款期限的基础上延长一定的期限,借款合同到期日则相应延长。

◆1 年以内(含 1 年)的个人贷款,展期期限累计不得超过原贷款期限;1 年以上的个人贷款,展期期限累计与原贷款期限相加,不得超过该贷款品种规定的最长贷款期限。

◆已计收的利息不再调整;如遇法定利率调整,从延长之日起,贷款利率按新的法定利率同期限档次利率执行。

④缩短期限。

◆缩短期限是指借款人申请在原来借款的基础上缩短一定的借款期限,借款合同到期日则相应提前。

◆对分期还款类个人贷款账户,缩短借款期限后,剩余有效还款期数不能为零。

◆对到期一次性还本付息类个人贷款账户,缩短借款期限后新的借款期限达到新的利率期限档次时,从缩短之日起,贷款利率按新的期限档次利率执行。

◆已计收的利息不再调整;如遇法定利率调整,从缩短之日起,贷款利率将按照合同约定的利率方式执行或按国家有关规定执行。

(3)分期还款额。借款人提前部分还款后,对于希望保持原贷款期限不变,仅调整分期还款额的申请,银行应在办理完提前部分还款手续后,按贷款余额、剩余贷款期限重新计算分期还款额。

(4)还款方式。借款人变更还款方式需要满足以下条件。

①向银行提交还款方式变更申请书。

②借款人的贷款账户中没有拖欠本息及其他费用。

③借款人在变更还款方式前应归还当期的贷款本息。

(5)担保。在合同履行期间,借款人申请变更保证人或抵(质)押物的,须向银行提出变更贷款担保申请。

4. 贷款的回收

(1)贷款的回收是指借款人按借款合同约定的还款计划和还款方式及时、足额的偿还本息。贷款本息的到期足额收回是贷后管理的最终目的。

(2)贷款支付方式包括委托扣款和柜面还款。

5. 贷款风险分类和不良贷款的管理

(1)贷款风险分类。

①正常贷款:借款人一直能正常还本付息,不存在任何影响贷款本息及时、全额偿还的不良因素或借款人未正常还款属偶然性因素造成的。

②关注贷款:借款人虽能还本付息,但存在影响贷款本息及时、全额偿还的不良因素。

③次级贷款:借款人的正常收入已经不能保证及时、全额偿还贷款本息,需要通过出售、变卖资产,对外借款,保证人、保险人履行保证、保险责任或处理抵(质)押物才能归还全部贷款本息。

④可疑贷款:贷款银行已要求借款人及有关责任人履行保证、保险责任,处理抵(质)押物,预计贷款可能发生一定损失,但损失金额尚不能确定。

⑤损失贷款:借款人无力偿还贷款,履行保证、保险责任和处理抵(质)押物后仍未能清偿的贷款及借款人死亡或依照《民法通则》的规定借款人宣告失踪或死亡,以其财产或遗产清偿后,仍未能还清的贷款。

(2)不良贷款的管理。

①次级贷款、可疑贷款和损失贷款认定为不良贷款。

②不良贷款的催收方式包括电话催收、信函催收、上门催收、中介机构催收、律师函催收、司法催收等。

③抵押物处置可采取与借款人协商变卖、向法院提起诉讼或申请强制执行依法处分。

6. 贷款档案管理

(1)贷款档案可以是原件或者具有法律效力的复印件。

(2)银行可根据业务需要和人员配置情况,决定是否设立专门或兼职的个人贷款档案管理人员,档案管理人员应具备一定的档案专业知识和个人贷款业务知识,负责个人贷款档案资料的登记和管理工作。

(3)银行可根据业务需要和所具备的条件,确定个人贷款档案是独立保管还是与银行其他档案共用保管场所。

(4)档案的借(查)阅可以利用计算机系统或人工进行。

(5)借出、借阅、归还已归档保存的个人贷款档案时,档案管理员应根据档案管理规定,要求借阅、查询人员填写有关的登记表并签字,对于借阅有关贷款的重要档案资料,必须经过有权人员的审批同意。档案管理员还应对借阅、归还等情况进行登记。

(6)借款人还清贷款本息后,一些档案材料应退还借款人。

(7)领取重要档案材料应由借款人本人办理,并出示身份证原件。借款人委托他人领取的,受托人应出示借款人签发的委托书原件及借款人身份证复印件、受托人本人身份证原件、受托人身份证复印件。

视频讲解 微信扫描

第三节 个人贷款营销管理

高频考点1 银行营销策略

(1)低成本策略。强调降低银行成本,使银行保持令人满意的边际利润,同时成为一个低成本竞争者。

(2)差异化策略。力求在客户的心目中树立一种独特的观念,并以此为基础,将它运用到市场竞争中。

(3)专业化策略。旨在专注于某个服务领域,瞄准特定细分市场,针对特定地理区域。

(4)大众营销策略。银行的产品和服务满足大众化需求,适用于所有人群。其特点是目标大、针对性不强、效果差。

(5)单一营销策略。针对客户个体需求制定不同的产品或服务,有针对性地满足单个客户的需求。其特点是针对性强、能为客户提供个性化服务,但营销渠道窄、营销成本高。

(6)情感营销策略。在单一营销的基础上加入人性化的营销理念,主张用情感打动客户的心。

(7)分层营销策略。将客户分成不同的细分市场,提供不同的产品和不同的服务。

(8)交叉营销策略。基于银行及客户的现有关系,向客户推荐银行的其他产品。其立足点是把工夫花在挽留老客户上,而不是在争取新客户上。

(9)定向营销策略。银行与客户为保证共赢而建立有效的沟通渠道。

高频考点2 个人贷款营销渠道

1. 合作机构营销(最重要)

(1)一手个人购房贷款。银行与房地产开发商合作是较为普遍的贷款营销方式,即房地产开发商与贷款银行共同签订《商品房销售贷款合作协议》，由银行向购买该开发商房屋的购房者提供个人购房贷款，借款人用所购房屋作抵押，在借款人购买的房屋没有办好抵押登记之前，一般要求由开发商提供阶段性或全程担保。

(2)二手个人购房贷款。商业银行最主要的合作机构是房地产经纪公司，在拟与房地产经纪公司建立合作关系之初，应当对其企业注册资本、经营业绩、行业排名、资产负债和信誉状况等进行充分、必要的审慎调查，经内部审核批准后，方可与其建立二手个人购房贷款业务的合作关系。

(3)其他个人贷款。即在消费场所或网络购物平台开展营销，典型做法是商业银行与经销商及网络平台签署合作协议，由其向银行提供客户信息或推荐客户，如银行与4S店签订合作协议，为客户提供个人汽车贷款等。

2. 网点机构营销

(1)按照客户定位进行的分类。

①全方位网点机构是指为公司和个人提供各种产品和全面服务的营业网点。

②专业性网点机构是指具有细分市场的营业网点，如有的网点侧重于房地产的抵押贷款业务等。

③高端化网点机构是指位于适当的经济文化区域中，为高端客户提供一定范围内的金融定制服务的营业网点。

④零售型网点机构是指只从事零售业务的营业网点。

(2)“直客式”个人贷款营销模式。

①“直客式”个人贷款营销模式是指利用银行网点和理财中心作为销售和服务的主渠道，银行客户经理按照“了解你的客户，服务熟悉客户”的原则，直接营销客户，受理客户的贷款需求。

②一般特点：银行可以通过摆放宣传资料、播放电视宣传片等方式进行宣传；网点的大堂经理和客户经理可以直接回答客户的问题，受理客户的贷款申请。

③意义。

◆有利于银行全面了解客户需求，服务熟悉的客户，从而有效防止“假按揭”，提高风险防范能力。

◆有利于培育和发展稳定的优质客户群，开展全方位、立体式的业务拓展。

3. 电子银行营销

(1)特征。

①电子虚拟服务。输入、输出和传输以电子方式进行。

②运行环境开放。

③模糊的业务时空界限。

④业务实时处理(与传统银行的主要区别)、服务效率高。

⑤运营成本低。

⑥严密的安全系统，保证交易安全。

(2)功能包括信息服务功能、展示与查询功能、综合业务功能。

(3)营销途径。

①建立形象统一、功能齐全的商业银行网站、App及公众号。

②利用搜索引擎来扩大银行网站的知名度。

③利用网络广告开展银行形象、产品和服务的宣传。

④利用信息发布和信息收集手段来增强银行的竞争优势。

⑤利用交互链接和广告互换增加银行网站、App 及公众号的访问量。

⑥利用电子邮件推广实施主动营销和客户关系管理。

第四节　个人贷款定价管理

高频考点　个人贷款定价的影响因素

(1)资金成本。与个人贷款定价呈正相关关系,即资金成本越高,个人贷款定价就越高;反之,个人贷款定价就越低。

(2)风险。一方面需要考虑产品所面临的信用违约风险、利率风险、期限风险等特定风险,确定产品风险度,另一方面需要考虑借款人风险。

(3)利率政策。

①利率调整的周期较短或实行浮动利率制,利率风险将基本由借款人承担,为公平合理起见,利率风险加点可相应降低。

②利率调整的周期较长或实行固定利率,利率风险将部分或全部转嫁给银行,利率风险加点可相应提高。

(4)盈利目标。在资金成本和风险成本一定的情况下,银行盈利目标越高,信贷产品的定价就越高。

(5)市场竞争。在产品同质性较强的情况下,如果银行贷款定价高于市场水平,信贷产品的销售就会受到不利的影响;如果贷款定价过低,又会增加银行的风险并对银行利润造成冲击。

(6)担保。银行在个人贷款定价时,应综合考虑担保的整体费用和收益。

(7)选择性因素。银行赋予客户一些选择性权利(如允许其提前或推迟还款等),选择性权利的赋予与否与贷款定价有关,且其大小与贷款定价正向变化。

第五节　个人贷款风险管理

高频考点　信用风险管理

1. 个人客户信用风险的识别

(1)客户的还款能力。

①影响客户还款能力的因素:当前收入、家庭财产状况、负债状况、未来收入稳定性等。

②识别措施:分析客户是否具备还款能力,主要看收入还贷比是否在银行规定的范围内;分析客户还款能力是否有足够保障,主要是通过对借款人基本资料中有关稳定性的内容进行考察,如现居住地稳定性、职业稳定性、家庭稳定性等。

③实践中,银行把握借款人还款能力存在相当大难度的原因。

◆国内尚未建立完善的个人财产登记制度与个人税收登记制度,全国性的个人征信系统还有待进一步完善,银行很难从整体上把握借款人的资产与负债状况并做出恰当的信贷决策。

◆国内失信惩戒制度尚不完善,借款人所在单位、中介机构协助借款人出具包括假收入证明在内的虚假证明文件(如个人收入证明、营业执照等)的现象比较普遍,对主动作假或协助作假的行为尚缺乏有力的惩戒措施。

(2)客户的还款意愿。

①决定借款人还款意愿的首要因素:借款人的道德品质。

②识别措施:通过人民银行征信系统查询客户征信记录是否良好;通过客户的亲戚熟人、朋友等打听、了解借款人的情况及其是否有黄赌毒等不良嗜好;通过面谈,对借款人的性格特点进行把握。

2. 信用风险的评估方法——专家判断法

(1)最重要特征。银行信贷的决策权由银行经过长期训练、具有丰富经验的信贷人员所掌握,并由他们做出是否贷款的决定。

(2)"5C"要素分析法。

①借款人道德品质(Character):一种对客户声誉的度量,包括其偿债意愿和偿债历史。

②能力(Capacity):借款者财务状况的稳定性,反映了借款人的还款能力,主要根据借款人的收入、资产状况衡量。

③资本(Capital):对于个人经营类贷款,资本往往是衡量财务状况的决定性因素。

④担保(Collateral):借款人用其资产对其所承诺的付款进行的担保,如果发生违约,债权人对于借款人抵押的物品拥有要求权。

⑤环境(Condition):是决定信用风险损失的重要因素。宏观经济环境、行业发展趋势等对个人借款人的收入来源和偿债能力会产生直接或间接影响。

(3)缺点。

①维持这样的专家制度需要相当数量的专业分析人员,随着银行业务量的不断增加,其所需要的分析人员会越来越多。

②实施的效果很不稳定。

③运用专家判断法对借款人进行信贷分析时,难以确定共同遵循的标准,造成信贷评估的主观性、随意性和不一致性。

3. 客户风险监测

(1)差别管理。授信风险越高的客户,贷后检查次数应越多、频率应越高。

(2)动态管理。客户风险状况变化时,贷后管理的频率、措施及考核的方式进行相应调整。

(3)对风险级别较高的客户,在风险监测过程中要求提高关注度,纳入重点关注客户清单管理。

4. 资产组合风险监测

(1)不良资产率指标一般是指不良资产(次级类贷款+可疑类贷款+损失类贷款)与信贷资产总额之比。

(2)贷款迁徙率指标的公式。正常及关注类贷款迁徙率=(期初正常贷款中转为不良贷款的余额+关注类贷款转为不良贷款的余额)/(期初正常类贷款余额+关注类贷款余额)。

(3)不良贷款拨备覆盖率指标是指准备金占不良贷款余额的比例,反映了商业银行对贷款损失的弥补能力和对贷款风险的防范能力。

(4)风险运营效率指标包括审批处理量变动、审批通过率变动、催收成功率变动等。

第六节　个人贷款押品管理

高频考点1　押品的种类

(1)金融质押品包括现金及其等价物、贵金属、债券、票据、股票/基金、保单、保本型理财产品等。

(2)应收账款包括交易类应收账款、应收租金、公路收费权、学校收费权等。

(3)商用房地产和居住用房地产包括商用房地产、居住用房地产、商用建设用地使用权和居住用建设用地使用权、房地产类在建工程等。

(4)其他押品包括流动资产、出口退税账户、机器设备、交通运输设备、资源资产、设施类在建工程、知识产权、采矿权等。

高频考点2　押品管理的基本流程

(1)材料受理。受理债务人提供的拟接受押品资料、抵质押人的权属证明等材料。

(2)审查。审查押品的形式要件及抵质押权利的合法性、合规性及有效性。

(3)押品价值评估。根据各类押品的特点,综合考虑押品的市场价格、类型、变现难易程度及其他可能影响价值变动的不确定因素,评估押品的价值。

(4)抵质押权的设立与变更。与借款人及担保人签订《抵质押合同》等并及时办理押品的登记及变更手续。

(5)押品日常管理。管理抵质押权证的保管、出入库以及押品的日常监控等环节。

(6)押品的返还与处置。管理抵质押权证的返还、移交及处置等环节。

第三章　个人住房贷款

第一节　个人住房贷款基础知识

高频考点1　个人住房贷款的概念、分类与特征

(1)个人住房贷款是指银行向自然人发放的,用于购买、建造和大修理各类型住房的贷款。

(2)分类。

①按资金来源将个人住房贷款划分为自营性个人住房贷款(商业性个人住房贷款)、公积金个人住房贷款(委托性住房公积金贷款)和个人住房组合贷款。其中,公积金个人住房贷款是一种政策性个人住房贷款,其特点包括不以营利为目的、实行"低进低出"的利率政策、有较强的政策性、贷款额度受到限制。

②按住房交易形态将个人住房贷款划分为新建房个人住房贷款(个人一手房贷款)和个人二手房贷款。

③按贷款利率的确定方式将个人住房贷款划分为固定利率贷款和浮动利率贷款。

(3)特征。

①贷款金额大、期限长,即个人住房贷款相对其他个人贷款而言,金额较大,期限较长,通常为10~20年,最长可达30年,绝大多数采取分期还本付息的方式。

②大多以抵押为前提建立借贷关系,即个人住房贷款是以抵押物的抵押为前提而建立起来的一种借贷关系。

③风险具有系统性特点,即个人住房贷款大多数为房产抵押担保贷款,风险相对较低,但由于大多数个人住房贷款具有类似的贷款模式,系统性风险也相对集中。

高频考点2　个人住房贷款的发展历程(标志性事件)

(1)1985年,中国建设银行率先开办土地开发和商品房贷款,是国内最早开办住房贷款业务的国有商业银行。

(2)1997年,中国人民银行颁布了《个人住房担保贷款管理试行办法》等一系列关于个人住房贷款的制度办法,标志着国内住房贷款业务的正式全面启动。

(3)1998年,住房制度改革及中国人民银行《个人住房贷款管理办法》的颁布,标志着个人住房贷款真正实现快速发展。

高频考点3　个人住房贷款的要素

(1)贷款对象。具有完全民事行为能力的中华人民共和国公民或符合国家有关规定的境外自然人。

(2)贷款利率。

①个人住房贷款的利率按商业性贷款利率执行,实行上限放开、下限管理。

②个人住房贷款利率浮动区间的下限为基准利率的0.7倍,其中,二套房贷款利率浮动区间的下限为基准利率的1.1倍。

③个人住房贷款的计息、结息方式,由借贷双方协商确定。

④贷款期限在1年以内(含1年)的,实行合同利率,遇法定利率调整不分段计息。贷款期限在1年以上的,合同期内遇法定利率调整时,由借贷双方按商业原则确定,可在合同期间按月、按季、按年调整,也可采用固定利率的确定方式。

【提示】实践中,银行多于次年1月1日起按相应的利率档次执行新的贷款利率。

(3)贷款期限。个人一手房贷款和二手房贷款的期限,由银行根据实际情况合理确定,最长期限为30年。

(4)贷款额度。一般情况下,个人住房贷款最低首付款比例为20%。

(5)还款方式。

①个人住房贷款可采取多种还款方式进行还款,包括一次性还本付息法、等额本息还款法、等额本金还款法、等比累进还款法、等额累进还款法以及组合还款法等。

②贷款期限在1年(含)以内,借款人可采取一次性还本付息法,即在贷款到期日前一次性还清贷款本息。

③贷款期限在1年以上,可采用等额本息还款法和等额本金还款法(这两种方法最常用)等。

(6)担保方式。在个人住房贷款业务中,采取的担保方式以抵押担保为主,在未实现抵押登记前,普遍采取抵押加阶段性保证的方式。

视频讲解　微信扫描

第二节　个人住房贷款流程

高频考点1　合作项目的准入流程

(1)准入调查。

①对开发商资信的调查。房地产开发商资质调查、企业资信等级或信用程度、企业法人营业执照、会计报表、开发商的债权债务和为其他债权人提供担保的情况、企业法人代表的个人信用程度和管理层的决策能力。

②对项目本身的调查。项目资料的完整性、真实性和有效性调查,项目的合法性调查,项目工程进度调查,项目资金到位情况调查。

③对项目的实地考察。

④撰写调查报告。

(2)准入审查与审批。

①准入审查。开发商及住房楼盘项目资料的完整性、有效性和合规性;开发商及住房楼盘项目是否符合准入条件;项目开发进度是否正常,项目到位资金是否充足;项目销售价格是否合理;项目销售前景是否良好;是否存在影响后续个人住房贷款安全性的不利因素;调查报告内容和结论是否合理。

②准入审批。开发商及住房楼盘项目的合法性、可行性;销售价格的合理性;项目市场前景;后续贷款合作的安全性等。

(3)签署合作协议。

(4)合作后的管理。

①及时了解开发商的工程进度,防止"烂尾"工程。

②及时了解开发商的经营及财务状况是否正常,担保责任的履行能力能否保证。

③了解借款人的入住情况及对住房的使用情况等。

④借款人早期发生违约行为后,及时通知开发商履行担保责任。

⑤密切注意和掌握房地产市场的动态等。

高频考点2　单笔贷款的流程

(1)贷款受理。个人住房贷款的申请资料清单主要包括:①合法有效的身份证件

（如身份证、户口簿和其他有效身份证件）；②贷款银行认可的借款人还款能力证明材料（如收入证明材料和有关资产证明等）；③合法有效的购房合同；④涉及抵押担保的，须提供抵押物的权属证明文件及有处分权人同意抵押的书面证明；⑤涉及保证担保的，须提供保证人出具的同意担保的书面承诺及证明其保证能力的证明资料；⑥购房首付款证明材料；⑦银行规定的其他文件和资料。

(2)贷前调查。方式包括审核借款申请材料和面谈借款人。

(3)贷款审查与审批。

①贷款审查。合规性（借款申请人提交的材料）与完整性（贷前调查人提交的个人住房贷款调查审批表、面谈记录以及贷前调查的内容）。

②贷款审批。个人信贷业务报批材料清单、个人住房贷款调查审批表、个人住房贷款借款申请书，以及规定的其他须提供的资料。

(4)贷款签约与发放。借款合同应符合法律规定，明确约定各方当事人的诚信承诺和贷款资金的用途、支付对象、支付金额、支付条件、支付方式等。

(5)支付管理。个人住房贷款采用贷款人受托支付方式，由银行直接将贷款支付给售房人。贷款人完成受托支付后，应详细记录资金流向并整理保存相关凭证。

(6)贷后管理。个人住房贷款除参照个人贷款贷后检查内容外，还应对开发商和项目以及合作机构进行检查。具体包括以下几点。

①开发商的经营状况及账务状况。

②开发商涉诉情况。

③项目资金到位及使用情况。

④项目工程形象进度。

⑤项目销售情况及资金回笼情况。

⑥产权证办理的情况。

⑦履行担保责任的情况。

⑧开发商履行商品房销售贷款合作协议的情况。

⑨合作机构的资信情况、经营情况及财务情况等。

⑩其他可能影响借款人按时、足额还贷的因素。

【提示】一手房贷款检查的要点为第①~⑧项，其他合作机构还需要检查第⑨~⑩项。

视频讲解 微信扫描

第三节　个人住房贷款风险管理

高频考点1　合作机构风险的表现形式与防范措施

1. 表现形式

(1)房地产开发商和中介机构的欺诈风险——“假个贷”。

①概念：“假个贷”是指借款人不具有真实的购房目的，采取各种手段套取银行个人住房贷款的行为。

【提示】这里的“假”包含3种含义：不具有真实的购房目的；虚构购房行为使其具有“真实”的表象；捏造借款人资料或者其他相关资料等。

②“假个贷”的普遍路径：房地产开发商将未卖出的楼盘过户给有关联关系的房地产中介公司或个人→房地产中介公司和个人再以购房者的名义以房子为抵押向银行申

请个人住房贷款。

③“假个贷”的主要成因:开发商利用“个贷”恶意套取银行资金进行诈骗;开发商为缓解楼盘销售窘境而通过“假个贷”获取资金;开发商为获得优惠贷款而实施“假个贷”;银行的管理漏洞给“假个贷”以可乘之机等。

④“假个贷”的共性特征:没有特殊原因,滞销楼盘突然热销;没有特殊原因,楼盘售价明显偏高(与周围楼盘相比);开发企业员工或关联方集中购买同一楼盘,或一人购买多套楼盘;借款人收入证明与年龄、职业明显不相称,在一段时间内集中申请办理贷款;借款人对所购房屋位置、朝向、楼层、户型、交房时间等与所购房屋密切相关的信息不是很了解;借款人首付款非自己交付或实际没有交付;多名借款人还款账户内存款很少,还款日前由同一人或同一单位进行转账或现金支付来还款;开发商或中介机构代借款人统一还款;借款人集体中断还款等。

(2)担保公司的担保风险。“担保放大倍数”过大,即担保公司对外提供担保的余额与自身实收资本的倍数过大,造成过度担保,从而导致无力代偿。

(3)其他合作机构的风险。通过房屋中介机构、评估机构及律师事务所等社会中介机构进行交易,在中介环节可能出现的风险。

2. 防范措施

(1)针对“假个贷”的防范措施。

①深入调查分析合作机构资质情况,具体包括:合作机构领导层素质;合作机构的业界声誉;合作机构的历史信用记录;合作机构的管理规范程度;企业的经营成果;合作机构的偿债能力。

②加强一线人员培训,严把贷款准入关,即一方面要建立一套适合一线经办人员执行的行之有效的科学制度,另一方面一线经办人员必须严格执行贷款准入条件。在具体的操作上,要注意检查以下几个方面的内容:借款人身份的真实性;借款人信用状况;各类证件的真实性;申报价格的合理性。

③进一步完善个人住房贷款风险保证金制度。

④积极利用法律手段,追究当事人刑事责任,加大“假个贷”的实施成本。

(2)针对其他合作机构的防范措施。

①深入调查,选择讲信用、重诚信的合作机构。存在下列情况的,应暂停与相应机构的合作:经营出现明显问题的;有违法违规经营行为的;与银行合作的存量业务出现严重不良贷款的;所进行的合作对银行业务拓展没有明显促进作用的;其他对银行业务发展不利的因素。

②业务合作中不过分依赖合作机构。

③严格执行准入退出制度。

④有效利用保证金制度。

⑤严格执行回访制度。

高频考点 2　信用风险的表现形式与防范措施

1. 表现形式

(1)还款能力风险。我国目前个人住房贷款中的浮动利率制度,使借款人承担了相当大比率的利率风险,这就导致了借款人在利率上升周期中出现贷款违约的可能性加大。

(2)还款意愿风险。即由借款人对偿还银行贷款的态度引起的风险。

2. 防范措施

(1)加强对借款人还款能力的甄别,措施包括验证借款人的工资收入、租金收入、投资收入和经营收入。

(2)深入了解客户还款意愿。通过检查其以往的账户记录、还款记录以及当前贷款状态,了解老客户的还款意愿;通过职业、家庭、教育、年龄、稳定性等个人背景因素,综合判断新客户的还款意愿。

高频考点3 操作风险的主要内容和防范措施

1. 主要内容

(1)贷款流程风险。

①受理与调查。

◆贷款受理风险:借款申请人的主体资格是否符合所申请贷款管理办法的规定(是否具有完全民事行为能力、是否具备个人住房贷款资格);借款申请人提交的资料是否齐全,格式是否符合银行的要求;所有原件和复印件之间是否一致。

◆贷前调查风险:项目调查中的风险;借款人调查中的风险。

【提示】借款人调查中的风险点:对借款申请人所提交资料未按规定核实是否真实、合法、合规;对借款申请人第一还款来源未按规定核实是否稳定、充足;对借款申请人的担保措施未按规定核实是否足额、有效。

②审查与审批。

◆未按独立公正原则审批。

◆不按权限审批贷款,使得贷款超授权发放。

◆审批人员对应审查的内容审查不严,导致向不符合条件的借款人发放贷款。

③签约与发放。

◆合同签订风险:未签订合同或签订无效合同;合同文本中存在不规范行为;未对合同签署人及签字(签章)进行核实。

◆贷款发放风险:个人信贷信息录入是否准确,贷款发放程序是否合规;贷款担保手续是否齐备、有效,抵(质)押物是否办理抵(质)押登记手续;在发放条件不齐全的情况下放款;在资金划拨中的风险点包括会计凭证填制不合要求,未对会计凭证进行审查,贷款以现金发放的、没有"先记账、后放款"等;未按规定的贷款金额、期限、担保方式、贴息等发放贷款,导致贷款错误核算,发放金额、期限与审批表不一致。

④支付管理。

◆贷款资金发放前,未审核借款人相关交易资料和凭证。

◆未按规定将贷款发放至相应账户。

◆在未接到借款人支付申请、支付委托的情况下,直接将贷款资金支付出去。

◆未详细记录资金流向和归集保存相关凭证。

⑤贷后管理。

◆贷后管理风险:未建立贷后监控检查制度,未对重点贷款使用情况进行跟踪检查;房屋他项权证办理不及时;逾期贷款催收不及时,不良贷款处置不力,造成贷款损失;未按规定保管借款合同、担保合同等重要贷款档案资料,造成合同损毁,他项权利证书未按规定进行保管,造成他项权证遗失,他项权利灭失;只关注借款人按月还款情况,在还款正常的情况下,未对其经营情况及抵押物价值、用途等变动情况进行持续跟踪监测。

◆档案管理风险:是否按照要求收集整理贷款档案资料,是否按要求立卷归档;是否对每笔贷款设立专卷,是否按贷款种类、业务发生时间编序,是否核对"个人贷款档案清单";重要单证保管是否及时移交会计部门专管,档案资料使用是否实施借阅审批登记制度。

(2)法律与政策风险。

①借款人主体资格风险。未成年人能否申请个人住房贷款;外籍自然人能否办理住房贷款。

②合同有效性风险。格式条款的无效、解释以及与非格式条款不一致的风险;未履行法定提示义务的风险。

③担保风险。

◆抵押担保的法律风险:抵押物的合法性及有效性;抵押物的重复抵押;抵押登记存在瑕疵;抵押物价值高估,不足值或抵押率偏高。

◆质押担保的法律风险:质押物的合法性;质押无处分权的权利;非为被监护人利益以其所有权利进行质押;质押非法所得、不当得利所得的权利等。

◆保证担保的法律风险:连带责任保证未明确,追索难度大;保证期间未明确或不明;保证人缺乏保证能力或保证资格有瑕疵;借款人互相提供保证无异于发放信用贷款;公司、企业的分支机构为个人提供保证;公司、企业职能部门、董事、经理越权对外提供保证等。

④诉讼时效风险。经办人员法律知识的缺陷或工作责任心问题,导致未能及时中断诉讼时效或虽有中断诉讼时效行为但没有及时保留中断诉讼时效证据,从而引发的风险。

⑤政策风险。对境外人士的购房限制;对购房人资格的政策性限制;抵押品执行的政策性限制。

2. 防范措施

(1)提高贷款经办人员职业操守和敬业精神。

(2)掌握并严格遵守个人住房贷款相关的规章制度和法律法规。

(3)严格落实贷前调查和贷后检查:建立并严格执行贷款面谈制度;提高贷前调查深度;加强对贷款用途的审查;合理确定贷款额度;加强抵押物管理;完善授权管理;加强贷款合同管理;加强对贷款的发放和支付管理;强化贷后管理。

视频讲解　微信扫描

第四节　公积金个人住房贷款

高频考点1　公积金个人住房贷款概述

(1)公积金个人住房贷款又称委托性住房公积金贷款,是指由各地住房公积金管理中心运用个人及其所在单位缴纳的住房公积金,委托商业银行向购买、建造、翻建、大修自住住房的住房公积金缴存人以及在职期间缴存住房公积金的离退休职工发放的专项住房消费贷款。

(2)原则。存贷结合、先存后贷、整借零还、贷款担保。

(3)特点。

①互助性。公积金个人住房贷款的资金来源为单位和个人共同缴存的住房公积金。

②普遍性。具有完全民事行为能力且正常缴存住房公积金的职工均可申请公积金个人住房贷款。

③利率低。公积金个人住房贷款的利率相对商业贷款而言较低。

④期限长。公积金个人住房贷款的最长期限为30年。

(4)要素。

①贷款对象。具有完全民事行为能力且正常缴存住房公积金的职工。

②贷款利率。按中国人民银行规定的公积金个人住房贷款利率执行。

③贷款期限。最长为30年,地方住房公积金管理中心有特殊规定的,按当地住房公积金信贷政策执行。

④还款方式。贷款期限在1年内(含1年)的,实行到期一次性还本付息法。贷款期限在1年以上的,实行等额本息还款法或等额本金还款法,借款人从发放贷款的次月起偿还贷款本息。

⑤担保方式包括抵押、质押、保证。

⑥贷款额度。公积金个人住房贷款最低首付款比例为20%,实施"限购"城市按当地住房公积金信贷政策执行。

高频考点2　公积金个人住房贷款业务的操作模式

(1)"银行受理,公积金管理中心审核审批,银行操作"模式。银行受托受理职工公积金借款申请,公积金管理中心负责审批,银行负责审核审批、办理合同签约和贷款发放等具体贷款手续。

(2)"公积金管理中心受理、审核和审批,银行操作"模式。公积金管理中心受理职工公积金借款申请,审核审批后,由银行办理合同签约、贷款发放等具体贷款手续。

(3)"公积金管理中心和承办银行联动"模式。银行受理职工公积金借款申请,通过网络实时将资料、审查结果和审查信息传达给公积金管理中心,公积金管理中心进行联机审核审批后,将审批意见通过网络发送给银行,银行根据审批意见办理具体贷款手续,将相关账务信息通过网络传送给公积金管理中心,与公积金管理中心联机记账和对账。

高频考点3　公积金个人住房贷款与商业银行自营性个人住房贷款的区别

项　目	公积金个人住房贷款	商业银行自营性个人住房贷款
承担风险的主体	公积金个人住房贷款是一种委托性住房贷款,是国家住房公积金管理部门利用归集的住房公积金资金,由政府设立的住房置业担保机构提供担保,委托商业银行发放给公积金缴存人的住房贷款。从风险承担的角度上讲,商业银行本身不承担贷款风险。	商业银行利用自有信贷资金发放的住房贷款,商业银行承担贷款风险。
资金来源	公积金管理部门归集的住房公积金。	银行自有的信贷资金。

续　表

项　目	公积金个人住房贷款	商业银行自营性个人住房贷款
贷款对象	住房公积金缴存人。	符合商业银行自营性个人住房贷款条件的、具有完全民事行为能力的自然人。
贷款利率	公积金个人住房贷款的利率比自营性个人住房贷款利率低。	
审批主体	由各地方公积金管理中心负责审批。	由商业银行自己审批。

高频考点4　公积金个人住房贷款的流程——贷前审查与贷后管理

1. 贷前审查

(1)借款人缴存住房公积金情况,如借款人是否建立住房公积金,是否按时足额缴存住房公积金,是否欠缴住房公积金等。

(2)借款用途,如借款人提供的购买住房合同或协议等。

(3)借款内容,如借款人提出的贷款额度、期限等。

(4)贷款资信审查,如借款人信用状况及偿还能力、贷款担保情况等。

2. 贷后管理

按照公积金管理中心委托要求,承办银行定期(按日)将有关公积金管理中心的账户记账回单、公积金贷款回收、逾期及结清等资料移交和报送公积金管理中心,定期与公积金管理中心核对公积金个人住房贷款账务,协助催收不良贷款,及时结算住房委托贷款手续费。具体的贷后管理职责如下。

(1)贷款检查。按照委托协议,承办银行应定期对公积金贷款的办理情况进行检查。检查内容包括业务操作的合规性、是否按委托协议要求的工作时限办理贷款业务、贷款账户的催收情况等。

(2)协助催收不良贷款。承办银行应根据公积金管理中心的委托要求,协助公积金管理中心对不良贷款进行催收,及时向公积金管理中心报告情况。针对借款人违反合同约定,未及时、足额偿还贷款本息的催收措施如下。

①逾期90天以内的:选择短信、电话和信函等方式进行催收。

②超过90天的:给借款人发出《提前还款通知书》,并有权要求借款人提前偿还全部借款,并支付逾期期间的罚息。

③在《提前还款通知书》确定的还款期限届满时,仍未履行还款义务:将就抵押物的处置与借款人达成协议。

④逾期180天以上,拒不还款:提起诉讼,对抵押物进行处置;处分抵押物所得价款用于偿还贷款利息、罚金及本金。

(3)对账工作。承办银行应与公积金管理中心定期对账,核对公积金管理中心划拨基金与银行收到的基金是否一致,银行住房回收贷款本息金额与公积金管理中心收到的回收贷款本息是否一致(与公积金管理中心对账);定期(按月、按季、按年)寄发对账单或电子银行查询对账的形式与借款人进行账务核对(与借款人对账)。

(4)基金清退和利息划回。承办银行应根据公积金管理中心的委托要求和具体规定,按时将回收贷款本金与利息划入公积金管理中心指定的结算账户和增值收益账户,及时进行资金清算。

(5)贷款手续费的结算。公积金管理中心应定期(每月、每季、每年)按比例将委托贷款手续费划归给承办银行。

(6)担保贷后管理。对已发放贷款,具备抵押登记(含预登记)办理条件后,应及时办理抵押登记手续,并及时修改维护抵押登记信息,处理抵押物账务,并将他项权证移交入库;结清贷款的,对注销的抵押登记相关资料进行核实审查,及时办理抵押登记注销手续和处理相关账务。

(7)贷款数据的报送。承办银行应根据公积金管理中心的委托要求和具体规定,按时向公积金管理中心报送公积金贷款数据、报表及其他资料,并确保报送资料的真实性、完整性和准确性。

(8)委托协议终止。公积金管理中心与承办银行的委托贷款协议终止时,承办银行应清算住房委托贷款手续费,办理公积金管理中心存款账户的销户交易,最后移交和报送公积金管理中心账户记账回单及相关业务资料。

(9)档案管理。贷款发放后,经办人员应在一定时间内,对贷款资料进行复查和清理,检查资料的有效性和完整性,对文件材料进行整理,合理编排顺序。

第四章　个人消费类贷款

第一节　个人汽车贷款

随书赠送
智能题库
获取方式
见书背面

高频考点 1　个人汽车贷款概述

(1)个人汽车贷款是指贷款人向个人借款人发放的用于购买汽车的贷款。

(2)分类。

①按照所购车辆用途划分:自用车(不以营利为目的)贷款和商用车(以营利为目的)贷款。

②按照所购车辆注册登记情况划分:一手车(新车)贷款和二手车(从办理完机动车注册登记手续到规定报废年限1年之前进行所有权变更并依法办理过户手续的汽车)贷款。

③按照所购车辆汽车动力划分:传统动力汽车贷款和新能源汽车贷款。

(3)原则。设定担保,分类管理,特定用途。

(4)特征。

①是汽车金融服务领域的主要内容之一,且在汽车产业和汽车市场发展中占有一席之地。

②与汽车市场的多种行业机构具有密切关系。

③风险管理难度相对较大。

高频考点 2　个人汽车贷款的要素

(1)贷款对象。具有完全民事行为能力的中华人民共和国公民或符合国家有关规定的境外自然人。申请个人汽车贷款需要具备以下条件。

①中华人民共和国公民或在中华人民共和国境内连续居住1年以上(含1年)的港、澳、台居民及外国人。

②具有有效身份证明、固定和详细住址且具有完全民事行为能力。

③具有稳定的合法收入或足够偿还贷款本息的个人合法资产。

④个人信用良好。

⑤能够支付贷款银行规定的首期付款。

⑥贷款银行要求的其他条件。

(2)贷款利率。按照中国人民银行规定的同期贷款利率规定执行,并允许贷款银行按照中国人民银行利率规定实行上下浮动。

(3)贷款期限(含展期)。一般不得超过5年;二手车贷款期限不得超过3年。展期须在贷款全部到期前,提前30天提出。

(4)还款方式包括等额本息还款法、等额本金还款法、一次性还本付息法、按月还息任意还本法等。

(5)担保方式包括质押、以贷款所购车辆作抵押、房地产抵押、第三方保证以及购买个人汽车贷款履约保证保险等。

(6)贷款额度。

①所购车辆为自用传统动力汽车的:贷款额度不得超过所购汽车价格的80%。

②所购车辆为商用传统动力汽车的:贷款额度不得超过所购汽车价格的70%。

③所购车辆为自用新能源汽车的:贷款额度不得超过所购汽车价格的85%。

④所购车辆为商用新能源汽车的,贷款额度不得超过所购汽车价格的75%。

⑤所购车辆为二手车的,贷款额度不得超过所购汽车价格的70%。

【提示】新车的价格是指汽车实际成交价格与汽车生产商公布价格中的低者,二手车的价格是指汽车实际成交价格与贷款银行认可的评估价格中的低者。上述成交价格均扣除政府补贴,且不含有各类附加税费及保费等。

高频考点3　个人汽车贷款的贷款流程

(1)贷款受理。借款申请人以书面形式提出个人汽车贷款借款申请,并按银行要求提交能证明其符合贷款条件的相关申请材料(有共同申请人的,应同时要求共同申请人提交有关申请材料)。申请材料清单如下。

①合法有效的身份证件(居民身份证、户口簿或其他有效身份证件),借款人已婚的还需要提供配偶的身份证明材料。

②贷款银行认可的借款人还款能力证明材料(收入证明材料和有关资产证明等)。

③由汽车经销商出具的购车意向证明或购车合同。

④以所购车辆抵押以外的方式进行抵押或质押担保的,须提供抵押物或质押权利的权属证明文件和有处分权人(包括财产共有人)同意抵(质)押的书面证明(也可由财产共有人在借款合同、抵押合同上直接签字)以及贷款银行认可部门出具的抵押物估价证明。

⑤涉及保证担保的,须保证人出具同意提供担保的书面承诺,并提供能证明保证人保证能力的证明材料。

⑥购车首付款证明材料。

⑦如借款所购车辆为二手车,还须提供购车意向证明或购车合同、贷款银行认可的评估机构出具的车辆评估报告书、车辆出卖人的车辆产权证明、所交易车辆的机动车辆登记证和车辆年检证明等。

⑧如借款所购车辆为商用车,还须提供所购车辆可合法用于运营的证明,如车辆挂靠运输车队的挂靠协议和租赁协议等。

⑨贷款银行要求提供的其他文件、证明和资料。

(2)贷前调查。

①调查方式:以实地调查为主、间接调查为辅,主要包括审查借款申请材料、面谈借款申请人、查询个人征信、实地调查和电话调查及委托第三方调查等。

②调查内容。

◆借款申请人对所购汽车的了解程度、所购买汽车价格与本地区价格是否差异很大和二手车的交易双方是否有关联关系等。

◆核实借款人收入情况,判断借款人支出情况,了解借款人正常的月均消费支出,以及除购车贷款以外的债务支出情况等,了解和评估借款人实际还款能力。

◆了解车辆权属是否清晰、明确。对于商用车,还须了解该车辆是否具备营运资格证、借款人经营企业和车辆年检情况。对于二手车,还须综合评估其折旧情况。

(3)贷款签约。对经审批同意的贷款,银行应及时通知借款申请人以及其他相关人(包括抵押人和出质人等),确认签约时间,签署《个人汽车贷款借款合同》和相关担保合同。

(4)贷款发放。

①发放条件。

◆借款人以质押和房产抵押方式办理个人汽车贷款的,分别按照质押贷款业务流程和房产抵押登记流程办理。

◆借款人以贷款所购车辆作抵押的，须在办理完购车手续后，及时到贷款银行所在地的车辆管理部门办理车辆抵押登记手续，并将相关资料(购车发票原件、各种缴费凭证原件、机动车登记证原件、行驶证复印件、保险单等)交予贷款银行进行保管。

②发放流程。

◆出账前审核(真实性、合法性和完整性)。

◆开户放款(确认审核无误后)。借款人与贷款银行签约时，要明确告知在放款时遇法定利率调整，应执行具体放款日当日利率。

◆放款通知。当开户放款完成后，银行应将放款通知书、个人贷款信息卡等一并交借款人作回单。对于借款人未到银行直接办理开户放款手续的，会计部门应及时将有关凭证邮寄给借款人或通知借款人来银行取回。

(5)贷后管理。

①借款人情况检查。借款人是否按期足额归还贷款；借款人工作单位、收入水平是否发生变化；借款人的住所、联系电话有无变动；有无发生可能影响借款人还款能力或还款意愿的突发事件(如卷入重大经济纠纷、诉讼或仲裁程序，借款人身体状况恶化或突然死亡等)；对于经营类车辆应监测借款人经营的实际情况。

②担保情况检查(主要针对保证人、抵押物及质押物)。保证人的经营状况和财务状况；抵押物的存续状况、使用状况和价值变化情况等；质押权利凭证的时效性和价值变化情况；经销商及其他担保机构的保证金情况；对以车辆抵押的，对车辆的使用情况及其车辆保险有效性和车辆实际价值进行检查评估；其他可能影响担保有效性的因素。

高频考点4　个人汽车贷款的合作机构风险管理

(1)汽车经销商的欺诈风险。汽车经销商的欺诈行为主要包括以下几种。

①一车多贷。汽车经销商同购车人相互勾结，以同一套完全真实的购车资料向多家银行申请贷款。

②甲贷乙用。实际用款人取得名义借款人的支持，以名义借款人的身份套取购车贷款。情节较轻的，实际用款人基本能以名义借款人的身份还本付息；情节严重的，名义借款人失踪，实际用款人悬空贷款。

③虚报车价。经销商和借款人互相勾结，采取提高车辆合同价格、签订与实际买卖的汽车型号不相同的购车合同等方式虚报车价，并以该价格向银行申请贷款。

④冒名顶替。盗用普通客户的身份资料购买汽车并申请银行贷款。

⑤全部造假。经销商伪造一整套资料(包括身份资料、购车资料、资产证明等)套取银行贷款。

⑥虚假车行。不法分子注册成立经销汽车的空壳公司，在无一辆现货汽车可卖的情况下，以无抵押贷款为诱惑，吸引居民办理个人汽车贷款，达到骗贷、骗保的目的。

(2)合作机构的担保风险。

①保险公司履约保证保险。银行在与保险公司的合作过程中可能存在以下风险。

◆保险公司依法解除保险合同，贷款银行的债权难以得到保障。

◆免责条款成为保险公司的“护身符”，贷款银行难以追究保险公司的保险责任。

◆保证保险的责任限制(仅限于贷款本金和利息)造成风险缺口。

◆银保合作协议的效力有待确认，银行降低风险的努力难以达到预期效果。

②第三方保证担保，主要包括汽车经销商保证担保和专业担保公司保证担保。这

一担保方式存在的主要风险:保证人往往缺乏足够的风险承担能力,在仅提供少量保证金的情况下提供巨额贷款担保,一旦借款人违约,担保公司往往难以承担保证责任,造成风险隐患。

(3)风险防控措施。

①加强贷前调查,切实核查经销商的资信状况。对新近进入汽车市场的经销商要慎重考察,不能对只有办公场所而没有车场的经销商办理贷款合作业务。

②按照银行的相关要求,严格控制合作担保机构的准入,确保合作的担保机构具有监管认可的融资担保业务经营许可证,动态监控合作担保机构的经营管理资质、资金实力、对外担保情况和实际担保能力,及时调整其担保额度。

③由经销商、专业担保机构担保的贷款,应实时监控担保方是否保持足额的保证金。在担保的借款客户出现欠款时,督促担保方及时向客户进行催收,按合同约定从担保方保证金中扣收欠款,并通知担保方补充保证金。

④与保险公司的履约保证保险合作,应严格按照有关规定拟定合作协议,约定履约保证保险的办理、出险理赔、免责条款等事项,避免事后因合作协议的无效或漏洞无法理赔,造成贷款损失情况的发生。

高频考点5　个人汽车贷款的信用风险管理

(1)个人汽车贷款的信用风险包括借款人的还款能力风险、还款意愿风险、欺诈风险(如恶意欺诈、骗贷和贷款后恶意转移资产的逃废债等)、抵押物风险(如损毁和消失、担保效力不足等)。

(2)风险防控措施。

①严格审查客户信息资料的真实性。

◆经办机构应指定专人负责个人汽车贷款的贷前调查工作,贷前调查人应对客户信息资料的真实性负责。

◆坚持与借款人面谈的原则,必须面谈客户了解信息,不得由保险公司和经销商包办从借款申请到签订合同的全部手续。认真审查借款人购车行为的真实性,严防经销商伪造合同从而虚构借款人购车事实的行为。

②详细调查客户的还款能力。

◆了解客户是否具有稳定的收入或合法资产来按期还款,如客户还有其他银行负债,应评价其总负债额在家庭总收入中的比例是否合理。

◆在贷后管理工作中应及时了解客户的经济状况,积极发挥汽车经销商或保险公司在贷后管理方面的作用。

③科学合理地确定客户还款方式。

◆在受理客户申请时,应根据客户现金流状况和贷款风险管理的需要等因素灵活、合理地与客户协商确定还款方式,以确保客户的还款能力和风险可控性。

◆对于贷款期限在1年以上的,原则上应采取等额本金或等额本息还款方式。

◆对于符合贷款条件的客户,如其资金周转存在一定的周期性,在准确把握其还款能力的基础上,也可选择按月还息,按计划表还本的还款方式。

④切实做好押品管理。

◆在开展个人汽车贷款业务过程中,加强与经销商和厂商合作,可要求所抵押车辆安装 GPS 定位系统,以确保抵押物可追踪定位。

◆加强贷后管理工作,提升贷后押品价值重估频率和准确性。

第二节　个人教育贷款

高频考点1　个人教育贷款的概念与种类

(1)个人教育贷款是指银行向在读学生或其直系亲属、法定监护人发放的用于满足其就学及在校期间正常学习、生活所需资金的贷款。

(2)种类包括国家助学贷款、生源地信用助学贷款、商业助学贷款、个人留学贷款等。

高频考点2　国家助学贷款

1. 国家助学贷款的概念、特征与方式

(1)国家助学贷款是指由政府主导、财政贴息、财政和高校共同给予银行一定风险补偿金,银行、教育行政部门与高校共同操作的,帮助高校家庭经济困难学生支付在校学习期间所需的学费、住宿费及生活费的银行贷款。

(2)特征。一种信用贷款,学生无须办理贷款担保或抵押,但须承诺按期还款,并承担相应的法律责任。

(3)方式。借款人一次申请、贷款银行一次审批、单户核算、分次发放。

2. 国家助学贷款的原则

国家助学贷款实行"财政贴息、风险补偿、信用发放、专款专用和按期偿还"的原则。

(1)财政贴息是指国家以承担部分利息的方式,对学生办理国家助学贷款进行补贴。

(2)风险补偿是指根据"风险分担"的原则,按当年实际发放的国家助学贷款金额的一定比例对经办银行给予补偿。

(3)信用发放是指学生不提供任何担保方式办理国家助学贷款。

(4)专款专用是指国家助学贷款仅允许用于支付学费、住宿费和生活费用,不得用于其他方面,银行以分次发放的办法,降低一次发放的金额,予以控制。

3. 国家助学贷款的负责人员

(1)中国工商银行、中国农业银行、中国银行和中国建设银行为中国人民银行批准的国家助学贷款经办银行,负责办理国家助学贷款的审核、发放和回收等工作。

(2)由教育部、财政部、中国人民银行和国家助学贷款经办银行组成全国助学贷款部际协调小组,负责制定国家助学贷款政策,确定中央部委所属高校年度国家助学贷款指导性计划。

4. 国家助学贷款的要素

(1)贷款对象。中华人民共和国境内(不含香港特别行政区和澳门特别行政区、台湾地区)的普通高等学校中经济确实困难的全日制本专科生(含高职生)、研究生和第二学士学位学生。借款人申请国家助学贷款,须具备以下条件。

①具有中华人民共和国国籍,并持有合法、有效的身份证件。

②家庭经济确实困难,无法支付正常完成学业所需的基本费用(包括学费、住宿费和基本生活费)。

③具有完全民事行为能力(未成年人申请国家助学贷款须由其法定监护人书面同意)。

④学习刻苦,能够正常完成学业。

⑤诚实守信，遵纪守法，无违法违纪行为。

⑥贷款银行规定的其他条件。

(2)贷款利率。执行中国人民银行规定的同期限贷款基准利率，不上浮。

(3)贷款期限。学制加13年，最长不超过20年。

(4)还款方式包括等额本金还款法和等额本息还款法。

(5)担保方式是个人信用担保的方式。

(6)贷款额度。全日制普通本专科生(含第二学士学位、高职学生，下同)每人每年申请贷款额度不超过8000元；全日制研究生每人每年申请贷款额度不超过12000元。

5.国家助学贷款的流程

(1)受理。借款人向学校国家助学贷款经办机构(以下简称学校机构)提出申请，学校初审，银行受理到上报审核的全过程。申请人须提供以下材料。

①借款人有效身份证件的原件和复印件。

②借款人学生证或入学通知书的原件和复印件。

③乡、镇、街道、民政部门和县级教育行政部门关于其家庭经济困难的证明材料。

④贷款银行要求的其他材料。

【提示】学校在全国学生贷款管理中心下达的年度贷款额度及控制比例内，组织学生申请借款。

(2)调查。学校机构对学生提交的国家助学贷款申请材料进行资格审查，对其完整性、真实性和合法性负责，初审工作将在收到学生申请后一定时间内完成。

(3)贷款的审查。经办行在收到学校提交的信息表和申请材料后，由贷款审查人负责对学校提交的信息表和申请材料进行合规性、真实性和完整性审查。

(4)贷款的审批。贷款人应根据审慎性原则，完善授权管理制度，规范审批操作流程，明确贷款审批权限，实行审贷分离和授权审批，确保贷款审批人按照授权独立审批贷款。

(5)贷款的签约。对经审批同意的贷款，高校会收到经办银行的“国家助学贷款学生审查合格名册”。贷款发放人根据贷款审批意见确定应使用的合同文本并填写合同。

(6)贷款的发放。

①借款合同生效后，贷款发放人应按合同约定及时发放贷款。

②国家助学贷款实行借款人一次申请、贷款银行一次审批、单户核算、分次发放的方式。

③学费和住宿费贷款按学年(期)发放，直接划入借款人所在学校在贷款银行开立的账户上。

④贷款发放后，业务部门应依据借款人相关信息建立“贷款台账”，并随时更新台账数据。

(7)支付管理。对于学费和住宿费贷款，银行应当采用贷款人受托支付方式向借款人交易对象(借款人所在学校)支付，按学年(期)发放，直接划入借款人所在学校在贷款银行开立的账户上。

(8)贷后管理。

①经办银行在发放贷款后，于每季度结束后的10个工作日内，汇总已发放的国家助学贷款学生名单、贷款金额、利率、利息，经合作高校确认后上报总行。

②经办银行在每年9月底前，按各高校统计汇总上一年度(上年9月1日至当年8

月31日)实际发放的国家助学贷款金额和违约率,并经合作高校确认后填制《中央部门所属高校国家助学贷款实际发放汇总表》上报分行,分行汇总辖内上报信息后,在5个工作日内上报总行,由总行提交全国学生贷款管理中心。

③借款学生自取得毕业证书之日起,下月1日开始归还贷款利息,并可以选择在毕业后的36个月内的任何一个月开始偿还贷款本息,但原则上不得延长贷款期限。

④提前离校的借款学生在办理离校手续之日的下月1日起自付贷款利息。休学的借款学生复学当月恢复财政贴息。

⑤借款学生毕业后申请出境留学的,应主动通知经办银行并一次性还清贷款本息,经办银行应及时为其办理还款手续。

高频考点3　商业助学贷款

1. 商业助学贷款的概念、原则与特征

(1)商业助学贷款是指银行按商业原则自主向借款人或其直系亲属、法定监护人发放的用于满足其就学资金需求的商业贷款。

(2)原则。部分自筹、有效担保、专款专用和按期偿还。

(3)特征。财政不贴息,各商业银行、城市信社和农村信用社等金融机构均可开办。

2. 商业助学贷款的要素。

(1)贷款对象。在境内高等院校就读的普通全日制本专科生、研究生和第二学士学位学生。借款人申请商业助学贷款,须具备以下条件。

①具有中华人民共和国国籍,具有完全民事行为能力,并持有合法身份证件。

②应无不良信用记录,不良信用等行为评价标准由贷款银行制定。

③必要时提供有效的担保。

④必要时提供其法定代理人同意申请贷款的书面意见。

⑤贷款银行要求的其他条件。

(2)贷款利率。按中国人民银行规定的利率政策执行,原则上不上浮。

(3)贷款期限。原则上为借款人在校学制年限加6年,部分情况可相应延长,但须经贷款银行许可。

(4)还款方式。可以按月、按季或按年分次偿还,利随本清,也可以在贷款到期时一次性偿还。

(5)担保方式。抵押、质押、保证或其组合,贷款银行也可要求借款人投保相关保险。

①以抵押方式申请商业助学贷款的,借款人提供的抵押物,应当符合《担保法》的规定,并按规定办理相应登记手续。抵押期间,未经贷款银行同意,抵押人不得转移、变卖或重复抵押已被抵押的财产。

【提示】以资产作抵押的,借款人应根据贷款银行的要求办理抵押物保险,保险期不得短于借款期限。

②以质押方式申请商业助学贷款的,须办理质物或其权利凭证转移占有手续及相关出质登记。质押期间,未经质权人同意,不得以任何理由挂失质押的有价证券。

③以第三方保证方式申请商业助学贷款的,保证人和贷款银行之间应签订保证合同,第三方提供的保证为不可撤销的连带责任保证。保证人应当具备品质良好、合法稳定的收入来源以及与借款人同城户籍等条件,原则上不允许同学之间互保。

(6)贷款额度。不超过借款人在校年限内所在学校的学费、住宿费和基本生活费。

学费应按照学校的学费支付期逐笔发放，住宿费、生活费可按学费支付期发放或分列发放。

3. 商业助学贷款的流程

(1)贷款的受理。商业助学贷款申请人应当填写贷款申请表，以书面形式提出贷款申请，并按银行要求提交相关申请材料。针对办理校源地贷款，就读学校的额外工作主要有以下几项。

①向贷款银行推荐借款人，对借款人资格及申请资料进行初审。

②协助贷款银行对贷款的使用进行监督。

③将借款人在校期间失踪、死亡或丧失完全民事行为能力或劳动能力，以及发生休学、转学、出国留学或定居、自行离校、开除等情况及时通知贷款银行，并协助贷款银行采取相应的债权保护措施。

④在借款人毕业前，向贷款银行提供其毕业去向、就业单位名称、居住地址、联系电话等有关信息。

⑤协助贷款银行开展对借款人的信用教育和还贷宣传工作，讲解还贷的程序和方法，协助贷款银行做好借款人的还款确认和贷款催收工作。

(2)贷前调查(非常重要的环节)。主要由银行贷前调查人审核申请材料是否真实、完整、合法、有效，调查借款申请人的还款能力、还款意愿的真实性以及贷款担保等情况。

①调查方式：以实地调查为主、间接调查为辅，采取现场核实、电话查问以及信息咨询等方式。

②调查内容：材料一致性、借款人身份、资信状况和借款用途、担保情况等。

高频考点4　信用风险管理的内容与防控措施

(1)内容。

①借款人的还款能力风险(根本保证)。影响个人教育贷款借款人还款能力的因素包括以下几个方面。

◆借款人为受教育人的，可能被学校开除，因学习成绩不好拿不到毕业证和学位证或毕业后难以找到工作，将无还款来源，其父母等关系人又因失业、疾病等原因致使家庭经济条件恶化，无法按计划偿还贷款。

◆借款人为受教育人父母的，随着国有企业改制和政府机构改革的深化，受教育者父母的下岗或分流压力加大，未来收入难以预测。

②借款人的还款意愿风险(重要前提)。

③借款人的欺诈风险，如恶意欺诈、骗贷等。

(2)防控措施。

①加强对借款人的贷前审查。

②建立和完善防范信用风险的预警机制(关键)。

③完善银行个人教育贷款的催收管理系统。

④建立有效的信息披露机制。

⑤加强对学生的诚信教育。

第三节　其他个人消费类贷款

视频讲解  微信扫描

高频考点　其他个人消费类贷款的分类

(1)个人住房装修贷款。个人住房装修贷款是指银行向自然人发放的、用于装修自用住房的贷款。主要适用于支付家庭装潢和维修工程的施工款、相关的装修材料和厨卫设备款等。

(2)个人耐用消费品贷款。个人耐用消费品贷款是指银行向自然人发放的、用于购买大额耐用消费品的贷款。其中,耐用消费品通常是指价值较大、使用寿命相对较长的消费品。

(3)个人旅游消费贷款。个人旅游消费贷款是指银行向自然人发放的、用于借款人个人及其家庭成员(含借款申请人的配偶、子女及父母)参加银行认可的各类旅行社(公司)组织的国内、外旅游所需费用的贷款。

(4)个人医疗贷款。个人医疗贷款是指银行向自然人发放的、用于解决居民及其配偶或直系亲属伤病就医时的资金短缺问题的贷款。一般由贷款银行和保险公司联合当地特定合作医院办理。

第五章　个人经营类贷款

第一节　个人经营贷款

随书赠送
智能题库
获取方式
见书背面

高频考点1　个人经营贷款的概念与要素

1. 个人经营贷款的概念

个人经营贷款是指银行向从事合法生产经营的自然人发放的，用于定向购买或租赁商用房、机械设备，以及用于满足个人控制的企业（含个体工商户）生产经营流动资金需求和其他合理资金需求的贷款。

2. 个人经营贷款的要素

（1）贷款对象。具有合法经营资格的个体工商户和小微企业主。借款人申请个人经营贷款，需要具备以下条件。

①具有完全民事行为能力且年龄在18（含）~60周岁（不含）的自然人。

②具有合法有效的身份证明、户籍证明（或有效居住证明）以及婚姻状况证明。

③借款人具有合法的经营资格，可以提供个体工商户营业执照。

④具有稳定的收入来源以及按时足额偿还贷款本息的能力。

⑤具有良好的信用记录和还款意愿，借款人及其经营实体在银行及其他已查知的金融机构无不良信用记录。

⑥能为贷款人提供其认可的合法、有效、可靠的贷款担保。

⑦借款人在银行开立个人结算账户。

⑧贷款银行规定的其他条件。

（2）贷款用途。借款人或其经营实体合法的经营活动，且符合工商行政管理部门许可的经营范围。借款人须承诺贷款不以任何形式流入证券市场、期货市场和用于股本权益性投资、房地产项目开发，不用于借贷牟取非法收入以及用于其他国家法律法规明确规定不得经营的项目。

（3）贷款利率。同时符合中国人民银行和各银行总行对相关产品的风险定价政策，并符合各行总行利率授权管理规定，可在基准利率基础上上浮或适当下浮。

（4）贷款期限。一般不超过5年，采用保证担保方式的不得超过1年。

（5）还款方式。按月等额本息还款法、按月等额本金还款法、按周还本付息还款法。

①贷款期限在1年以内（含1年）的，可采用按月付息、到期一次性还本法。

②采用低风险质押担保方式且贷款期限在1年以内的，可采用到期一次性还本付息法。

（6）担保方式。

①抵押担保。

◆抵押物须为借款人本人或第三人（限自然人）名下已取得房屋所有权证的住房、商用房或商住两用房、办公用房、厂房或拥有土地使用权证的出让性质的土地。

◆贷款人应与抵押人（或其代理人）到房产所在地的房地产登记机关或土地登记机关办理抵押登记，取得他项权证或其他证明文件。

◆贷款期限不得超过抵押房产剩余的土地使用权年限，贷款金额最高不超过抵押物价值的70%。

◆抵押房产或土地应由银行确定的评估公司进行评估定价，也可由符合银行规定的相关资格的内部评估人员对抵押房产或土地进行价值评估。

②质押担保。可接受自然人(含第三人)名下的银行存单及国债等作为质物,相关规定按照个人质押贷款管理办法相关规定执行。

③保证担保。保证人可为自然人或银行认可的专业担保公司,并严格执行保证金管理制度。

(7)贷款额度。商业银行依据贷款风险管理相关规定确定。

高频考点2　个人经营贷款的流程

(1)贷款受理。申请人填写借款申请书,以书面形式提出个人贷款申请,并按银行要求提交相关申请材料。对于有共同申请人的,应同时要求共同申请人提交有关申请材料。具体的材料如下。

①个人经营贷款申请表。

②借款人及其配偶的有效身份证件、户籍证明、婚姻证明原件及复印件。

③经年检的个体工商户营业执照、合伙企业营业执照或企业法人营业执照原件及复印件。

④个人收入证明,包括个人纳税证明、工资薪金证明、个人在经营实体的分红证明、租金收入、在银行近6个月内的存款、国债、基金等平均金融资产证明等。

⑤能反映借款人或其经营实体近期经营状况的银行结算账户明细或完税凭证等资料。

⑥抵押房产权属证明原件及复印件。有权处分人(包括房产共有人)同意抵押的证明文件。抵押房产如需评估,须提供评估报告原件。

⑦贷款采用保证方式的须提供保证人相关资料。

⑧贷款人要求提供的其他资料。

(2)贷前调查。

①个人经营贷款调查由贷款经办行负责,贷款实行双人调查和见客谈话制度。调查人对贷款资料的真实性负责。

②调查内容。

◆借款申请人所提供的资料是否真实、合法和有效,通过面谈了解借款人申请是否自愿、属实,贷款用途是否真实合理,是否符合银行规定。

◆借款人收入来源是否稳定,是否具备按时足额偿还贷款本息的能力。

◆通过查询银行客户信息系统、人民银行个人信息基础数据库,判断借款人资信状况是否良好,是否具有较好的还款意愿。

◆借款人及其经营实体信誉是否良好,经营是否正常,是否涉及法律纠纷、诉讼等。

◆对借款人拟提供的贷款抵押房产进行双人现场核实,调查抵押房产权属证书记载事项与登记机关不动产登记簿相关内容是否一致,银行抵押物清单记载的财产范围与登记机关不动产登记簿相关内容是否一致,并将核实情况记录在调查审查审批表中或其他信贷档案中。

◆贷款采用保证担保方式的,保证人是否符合银行相关规定,保证人交存的保证金是否与银行贷款余额相匹配。

◆贷款申请额度、期限、成数、利率与还款方式是否符合规定。

(3)贷款审查。

①对贷款业务的合规性审查。

②对贷前调查人提交的个人经营贷款调查审查审批表、贷款调查内容的合法性、合

理性、准确性进行全面审查。

(4)支付管理。

①经贷款人同意,可以采取借款人自主支付方式:借款人无法事先确定具体交易对象且金额不超过30万元人民币的个人贷款;贷款资金用于生产经营且金额不超过50万元人民币的个人贷款。

②经授信审批部门审批同意,按借款合同约定用途向借款人的交易对象支付的情形:借款人交易对象不具备条件有效使用非现金结算方式的。

(5)贷后管理。

①贷后管理相关工作由贷款经办行负责,具体包括客户关系维护、押品管理、违约贷款催收及相应的贷后检查等工作。

②信贷管理部门负责贷后监测、检查及对贷款经办行贷后管理工作的组织和督导。

③贷后管理特别关注的事项。

◆日常走访企业:在政策、市场、经营环境等外部环境发生变化或借款人自身发生异常的情况下,应不定期地就相关问题走访企业,并及时检查借款人的借款资金及使用情况。

◆企业财务经营状况的检查:通过测算与比较资产负债表、损益表、现金流量表及主要财务比率的变化,动态地评价企业的经济实力、资产负债结构、变现能力、现金流量情况,进一步判断企业是否具备可靠的还款来源和能力。

◆项目进展情况的检查:对固定资产贷款还应检查项目投资和建设进度、项目施工设计方案及项目投资预算是否变更、项目自筹资金和其他银行借款是否到位、项目建设与生产条件是否变化、配套项目建设是否同步、项目投资缺口及建设工期等。

高频考点3　信用风险管理的内容与防控措施

(1)内容。

①借款人还款能力发生变化(多与企业生产经营收入有关)。

②借款人还款意愿下降(受外部经营环境、企业经营状况和当地信用水平影响)。

③保证人担保能力发生变化(受收入变动、担保意愿下降等影响)。

④抵押物价值发生变化(受抵押物价格降低、抵押物折旧、毁损、功能落后等影响)。

(2)防控措施。

①加强对借款人还款能力的调查和分析,重点调查借款人的生产经营收入(如经营收入的稳定性、合法性和未来收入预期的合理性等)。

②加强对借款人所控制企业经营情况的调查和分析,主要从经营的合法合规性、经营的商誉情况、经营的盈利能力和稳定性这三个方面加以考察。

③加强对保证人担保能力的调查和分析。

④加强对抵押物价值的调查和分析。

第二节　个人商用房贷款

高频考点1　个人商用房贷款的概念与要素

(1)个人商用房贷款是指贷款人向借款人发放的用于购买国有出让土地上商业用房的贷款。其中,商用房主要是临街商铺、住宅小区的商业配套房、商住两用房、办公用房(写字楼)、购物中心等。

(2)要素。

①贷款对象。

◆商用房所占用土地使用权性质为国有出让,土地类型为商业、商住两用或综合用地。

◆商用房为一手房的,该房产应为已竣工的房屋,并取得合法销售资格。

◆商用房为二手房的,该房产应取得房屋所有权证及土地使用权证。

【提示】借款人申请个人商用房贷款,需要具备以下条件:具有完全民事行为能力且年龄在18(含)~65周岁(不含)的自然人;具有合法有效的身份证明、户籍证明(或有效居住证明)以及婚姻状况证明(或未婚声明);具有稳定的收入来源以及按时足额偿还贷款本息的能力;具有良好的信用记录和还款意愿;在银行开立个人结算账户;已支付所购商用房市场价值50%(含)以上的首付款(商住两用房首付款比例须在45%及其以上),并提供首付款银行进账单或售房人开具的首付款发票或收据;具有所购商用房的商品房销(预)售合同或房屋买卖协议;贷款银行规定的其他条件。

②贷款利率。不得低于人民银行规定的同期同档次利率的1.1倍,可浮动。

③贷款期限。最短为1年(含),最长不超过10年。

④还款方式包括按月等额本息还款法、按月等额本金还款法等。

⑤担保方式。原则上以所购商用房设定抵押;部分商业银行允许采用抵押、质押和保证等方式。

⑥贷款额度。不得超过所购商用房价值的50%,具体的借款额度由商业银行根据贷款风险管理相关原则确定,所购商用房为商住两用房的,贷款额度不得超过所购商用房价值的55%。

高频考点2　个人商用房贷款的流程

(1)贷款的受理。商用房贷款申请人以书面形式提出贷款申请,填写借款申请表,并按银行要求提交相关申请材料。申请材料如下。

①借款申请表。

②借款人还款能力证明材料(包括收入证明和有关资产证明等)。

③借款人及其配偶的有效身份证件、户籍证明、婚姻状况证明原件及复印件。

④所购商用房为一手房的,须提供首付款的银行存款凭条或开发商开具的首付款发票原件及复印件;所购商用房为二手房的,须提供售房人开具的首付款收据原件及复印件。

⑤借款人与售房人签订的商品房销(预)售合同或房屋买卖协议原件。

⑥拟购房产为共有的,须提供共有人同意抵押的证明文件。

⑦抵押房产需要评估的,须提供评估报告原件。

⑧贷款银行要求的其他资料。

(2)贷前调查。

①对开发商及楼盘项目的调查。参照个人住房贷款项目对开发商资信情况及楼盘项目材料的真实性、合法性、完整性等内容进行调查,重点调查开发商的开发运营经验、商用房项目的市场前景等。

②对借款人的调查。个人商用房贷款调查由贷款经办行负责,贷款实行双人调查和见客谈话制度,并重点调查以下内容。

◆借款申请人提供的资料是否真实、合法和有效,借款行为是否自愿、属实,购房行为是否真实。

◆借款人的收入来源是否稳定,是否具备按时足额偿还贷款本息的能力。

◆借款人资信状况是否良好,是否具有较好的还款意愿。

◆贷款年限加上借款人年龄是否符合规定。

◆借款人购买商用房的价格是否合理,是否符合规定的条件。

◆借款人是否已支付首期房款,首付款比例是否符合要求。

◆双人现场核实借款人拟购买的房产是否真实、合法、有效。

◆贷款申请额度、期限、成数、利率与还款方式是否符合规定。

【提示】贷款经办行调查完毕后,应及时将贷款资料(包括贷款申请资料、贷款调查资料及调查审查审批表)移交审查审批部门。

(3)贷款审查。全面审查贷款调查内容的合法性、合理性、准确性,重点关注调查人员的尽职情况及借款人的还款能力、信用状况、担保状况、抵押或质押比率、贷款风险因素及风险程度等。

(4)贷款审批。

①贷款资料是否完整、齐全,资料信息是否合理、一致,首付款金额与开发商开具的发票(收据)或银行对账单是否一致,有无“假按揭”贷款嫌疑。

②借款人是否符合条件、资信是否良好、还款来源是否足额可信。

③贷款金额、成数、利率、期限、还款方式是否符合相关规定。

④贷款担保是否符合规定,以房产抵押方式设定担保的,抵押房产是否合法、充足和有效,价值是否合理,权属关系是否清晰,是否易于变现。

(5)签约与发放。贷款审批同意后,借款人及保证人需要对借款合同和借据载明的要素进行核对,确认一致后,签署个人购房借款/担保合同,银行按规定要求办理贷款发放手续。

(6)支付管理。须采取受托支付的方式,银行须将贷款资金划转至开发商账户。

(7)贷后管理。

①贷款经办行及信贷管理部门共同负责个人商用房贷后管理。

②贷后管理内容包括客户关系的维护、押品的管理、违约贷款的催收及相应的贷后检查等。

视频讲解 微信扫描

第三节 农户贷款

高频考点1 农户贷款的概念与要素

(1)农户是指长期居住在乡镇和城关镇所辖行政村的住户、国有农场的职工和农村个体工商户。

(2)农户贷款是指银行业金融机构向符合条件的农户发放的用于生产经营及生活消费等用途的本外币贷款。

(3)要素。

①贷款对象。符合农户贷款条件的农户。农户申请贷款应当具备以下条件。

◆农户贷款以户为单位申请发放,并明确一名家庭成员为借款人(具有完全民事行为能力的中华人民共和国公民)。

◆户籍所在地、固定住所或固定经营场所在农村金融机构服务辖区内。

◆贷款用途应当明确合法。

◆贷款申请的数额、期限及币种合理。

◆借款人具备还款意愿及还款能力。

◆借款人无重大信用不良记录。

◆借款人在农村金融机构开立结算账户。

◆农村金融机构规定的其他条件。

②贷款利率。综合考虑农户贷款资金及管理成本、贷款方式、风险水平、合理回报等要素以及农户生产经营利润率和支农惠农要求,合理确定利率水平。

③贷款期限。依据贷款项目生产周期、销售周期及还款能力等因素确定。

④还款方式包括到期利随本清法(1 年以上贷款原则上不得采用)、分期还本付息法、分期还息到期还本法等。

⑤担保方式包括信用担保、抵押担保、质押担保、保证担保、组合担保。

⑥贷款额度。依据借款人生产经营状况、偿债能力、贷款需求、信用状况及担保方式等因素确定。

高频考点 2　农户贷款的流程——贷后管理

(1)农村金融机构应当建立贷后定期或不定期检查制度,明确首贷检查期限,采取实地检查、电话访谈、检查结算账户交易记录等多种方式,对贷款资金使用、借款人信用及担保情况变化等进行跟踪检查和监控分析,确保贷款资金安全。

(2)农村金融机构贷后管理中应当着重排查防范假名、冒名、借名贷款,包括建立贷款本息独立对账制度、不定期重点检(抽)查制度以及至少两年一次的全面交叉核查制度。

(3)农村金融机构风险管理部门、审计部门应当对分支机构贷后管理情况进行检查。

(4)对于因自然灾害、农产品价格波动等客观原因造成借款人无法按原定期限正常还款的,由借款人申请,经农村金融机构同意,可以对还款意愿良好、预期现金流量充分、具备还款能力的农户贷款进行合理展期,展期时间结合生产恢复时间确定。

【提示】已展期贷款不得再次展期,展期贷款最高列入关注类进行管理。

(5)对于未按照借款合同约定收回的贷款,应当采取措施进行清收,也可以在利息还清、本金部分偿还、原有担保措施不弱化等情况下协议重组。

(6)农村金融机构要建立优质农户与诚信客户正向激励制度,对按期还款、信用良好的借款人采取优惠利率、利息返还、信用累积奖励等方式,促进信用环境不断改善。

第六章　信用卡业务

信用卡业务概述

随书赠送
智能题库
获取方式
见书背面

高频考点　信用卡与一般个人贷款业务的异同点

(1)相同点。信用卡业务与一般个人贷款业务有相同的业务属性,银行均依据贷款申请人资信状况给予一定的授信额度,借款人按照约定条件使用资金,并按照约定期限及金额还款,超出规定期限或还款金额不足时会造成逾期罚息或终止贷款并强制提前还款。

(2)不同点。

项　目	信用卡业务	一般个人贷款业务
币　种	本外币一体	本币为主
范　围	境内外均可使用	限于境内使用
免息还款期	有	无
手续费/利息	收取手续费,一般计入银行的中间业务收入,以费率计算	收取利息,一般计入银行的利息收入,以利率计算
用　途	仅限消费使用,不可用于投资、房地产及生产经营等	可按照规定将资金用于购房和生产经营,不可用于投资

第七章　个人征信系统

第一节　个人征信系统概述

随书赠送
智能题库
获取方式
见书背面

高频考点1　个人征信系统的概念与内容

(1)概念。

①个人征信系统又称个人信用信息基础数据库、金融信用信息基础数据库,是我国社会信用体系的重要基础设施,由中国人民银行组织各商业银行建立的个人信用信息共享平台,通过采集、整理、保存公民个人信用信息,为金融机构提供个人信用状况查询服务,为货币政策和金融监管提供信息服务。

②我国最大的个人征信数据库为中国人民银行建设并已投入使用的全国个人信用信息基础数据库。

◆该基础数据库首先依法采集和保存全国银行信贷信用信息,包括个人在商业银行的借款、抵押、担保数据及身份验证信息等,在此基础上扩大到保险、证券等领域。

◆该基础数据库首先向商业银行提供个人信用信息的查询服务,满足商业银行对信贷征信的需求;同时依法服务于其他部门的征信需要,并依法逐步向有合格资质的其他征信机构开放。

◆个人征信系统数据的直接使用者包括商业银行、数据主体本人、金融监督管理机构及司法部门等其他政府机构。

(2)内容。

①个人基本信息包括个人身份、配偶身份、居住信息、职业信息。

②信贷信息包括银行信贷信用信息汇总,信用卡、准贷记卡及贷记卡汇总信息,贷款汇总信息,为他人贷款担保汇总信息,信用明细信息。

③非银行信息包括个人参保及缴费信息、住房公积金信息、养路费、电信用户缴费等。

④百行征信有限公司以“最低、适用”原则采集个人信用信息包括个人互联网借贷数据及个人身份识别信息等支持类信息。

高频考点2　个人征信的隐私保护

(1)为了保证个人信用信息的合法使用,保护个人的合法权益,中国人民银行制定颁布了《征信业管理条例》《个人信用信息基础数据库管理暂行办法》《个人信用信息基础数据库金融机构用户管理办法》《个人信用信息基础数据库异议处理规程》等法规,采取了授权查询、限定用途、保障安全、查询记录、违规处罚等措施,保护个人隐私和信息安全。

(2)商业银行只能经当事人书面(电子)授权,在审核个人贷款、信用卡申请或审核是否接受个人作为担保人等个人信贷业务及对已发放的个人贷款及信用卡进行信用风险跟踪管理时,才能查询个人信用信息基础数据库。

(3)个人信用信息基础数据库对查看信用报告的商业银行信贷人员(即数据库用户)进行管理,每一个用户在进入该系统时都要登记注册,而且计算机系统还自动追踪和记录每一个用户对每笔信用报告的查询操作,并加以记录。商业银行如果违反规定查询个人的信用报告或将查询结果用于规定范围之外的其他目的,将被责令改正,并处以经济处罚;涉嫌犯罪的,将依法移交司法机关处理。

第二节 个人征信系统的管理及应用

高频考点 个人征信报告的基本内容

(1)公安部身份信息核查结果是实时来自公安部公民信息共享平台的信息。

(2)个人基本信息包括身份信息、婚姻信息、居住信息、职业信息等内容。

(3)银行信贷交易信息是客户在各商业银行或者其他授信机构办理的贷款、信用卡等交易的明细和汇总信息。

(4)公共信息是个人征信系统从其他部门采集的、可以反映客户各方面情况的信息。

(5)本人声明是客户本人对信用报告中某些无法核实的异议所做的说明。

(6)异议标注是征信中心异议处理人员针对信用报告中异议信息所做的标注或因技术原因无法及时对异议事项进行更正时所做的特别说明。

(7)查询历史信息是展示何机构或何人在何时以何种理由查询过该人的信用报告。

附录一　个人贷款的相关法律、监管政策和法规

第一节　个人贷款的相关法律

随书赠送
智能题库
获取方式
见书背面

高频考点1　代理

(1)一般规定。

①公民、法人可以通过代理人实施民事法律行为。

②代理人在代理权限内,以被代理人的名义实施民事法律行为。被代理人对代理人的代理行为,承担民事责任。

③依照法律规定或者按照双方当事人约定,应当由本人实施的民事法律行为,不得代理。

(2)特征。

①代理人须在代理权限内实施代理行为。

②代理人须以被代理人的名义实施代理行为。

③代理行为必须是具有法律效力的行为。

④代理行为须直接对被代理人发生效力。

⑤代理人在代理活动中具有独立的法律地位。

(3)分类。根据代理权产生的根据不同,可以将代理分为委托代理、法定代理和指定代理。

①委托代理:按照被代理人的委托行使代理权。

②法定代理:依照法律的规定行使代理权。

③指定代理:按照人民法院或者指定单位的指定行使代理权。

(4)委托代理。

①委托代理的基础法律关系一般是委托合同关系。

②民事法律行为的委托代理,可以用书面形式,也可以用口头形式。法律规定用书面形式的,应当用书面形式。

③书面委托代理的授权委托书应当载明代理人的姓名或者名称、代理事项、权限和期间,并由委托人签名或者盖章。委托书授权不明的,被代理人应当向第三人承担民事责任,代理人负连带责任。

(5)代理人的法律责任。

①没有代理权、超越代理权或者代理权终止后的行为,只有经过被代理人的追认,被代理人才承担民事责任。未经追认的行为,由行为人承担民事责任。本人知道他人以本人名义实施民事行为而不作否认表示的,视为同意。

②代理人不履行职责而给被代理人造成损害的,应当承担民事责任。

③代理人和第三人串通,损害被代理人的利益的,由代理人和第三人负连带责任。

④第三人知道行为人没有代理权、超越代理权或者代理权已终止还与行为人实施民事行为给他人造成损害的,由第三人和行为人负连带责任。

⑤代理人知道被委托代理的事项违法仍然进行代理活动的,或者被代理人知道代理人的代理行为违法不表示反对的,由被代理人和代理人负连带责任。

(6)终止。

①有下列情形之一的,委托代理终止:代理期间届满或者代理事务完成;被代理人

取消委托或者代理人辞去委托;代理人死亡;代理人丧失民事行为能力;作为被代理人或者代理人的法人终止。

②有下列情形之一的,法定代理或者指定代理终止:被代理人取得或者恢复民事行为能力;被代理人或者代理人死亡;代理人丧失民事行为能力;指定代理的人民法院或者指定单位取消指定;由其他原因引起的被代理人和代理人之间的监护关系消灭。

高频考点2　抵押与质押

(1)抵押。

①债务人或者第三人有权处分的下列财产可以抵押:建筑物和其他土地附着物;建设用地使用权;以招标、拍卖、公开协商等方式取得的荒地等土地承包经营权;生产设备、原材料、半成品、产品;正在建造的建筑物、船舶、航空器;交通运输工具;法律、行政法规未禁止抵押的其他财产。

②下列财产不得抵押:土地所有权;耕地、宅基地、自留地、自留山等集体所有的土地使用权,但法律规定可以抵押的除外;学校、幼儿园、医院等以公益为目的的事业单位、社会团体的教育设施、医疗卫生设施和其他社会公益设施;所有权、使用权不明或者有争议的财产;依法被查封、扣押、监管的财产;法律、行政法规规定不得抵押的其他财产。

(2)质押。

①设立质权,当事人应当采取书面形式订立质权合同。质权合同一般包括下列条款:被担保债权的种类和数额;债务人履行债务的期限;质押财产的名称、数量、质量、状况;担保的范围;质押财产交付的时间。

②债务人或者第三人有权处分的下列权利可以出质:汇票、支票、本票;债券、存款单;仓单、提单;可以转让的基金份额、股权;可以转让的注册商标专用权、专利权、著作权等知识产权中的财产权;应收账款;法律、行政法规规定可以出质的其他财产权利。

高频考点3　借款人的权利、义务与限制

(1)权利。

①可以自主向主办银行或者其他银行的经办机构申请贷款并依条件取得贷款。

②有权按合同约定提取和使用全部贷款。

③有权拒绝借款合同以外的附加条件。

④有权向贷款人的上级和中国人民银行反映、举报有关情况。

⑤在征得贷款人同意后,有权向第三人转让债务。

(2)义务。

①应当如实提供贷款人要求的资料(法律规定不能提供者除外),应当向贷款人如实提供所有开户行、账号及存贷款余额情况,配合贷款人的调查、审查和检查。

②应当接受贷款人对其使用信贷资金情况和有关生产经营、财务活动的监督。

③应当按借款合同约定用途使用贷款。

④应当按借款合同约定及时清偿贷款本息。

⑤将债务全部或部分转让给第三人的,应当取得贷款人的同意。

⑥有危及贷款人债权安全情况时,应当及时通知贷款人,同时采取保全措施。

(3)对借款人的限制。

①不得在一个贷款人同一辖区内的两个或两个以上同级分支机构取得贷款。

②不得向贷款人提供虚假的或者隐瞒重要事实的资产负债表、损益表等。

③不得用贷款从事股本权益性投资,国家另有规定的除外。

④不得用贷款在有价证券、期货等方面从事投机经营。

⑤除依法取得经营房地产资格的借款人以外,不得用贷款经营房地产业务;依法取得经营房地产资格的借款人,不得用贷款从事房地产投机。

⑥不得套取贷款用于借贷牟取非法收入。

⑦不得违反国家外汇管理规定使用外币贷款。

⑧不得采取欺诈手段骗取贷款。

第二节　个人贷款的监管政策和法规

视频讲解　微信扫描

高频考点1　个人贷款管理的流程

(1)受理与调查。

①个人贷款申请应具备的条件包括借款人为具有完全民事行为能力的中华人民共和国公民或符合国家有关规定的境外自然人,贷款用途明确合法,贷款申请数额、期限和币种合理,借款人具备还款意愿和还款能力,借款人信用状况良好,无重大不良信用记录,以及贷款人要求的其他条件。

②贷款调查包括但不限于以下内容:借款人基本情况,借款人收入情况,借款用途,借款人还款来源、还款能力及还款方式,保证人担保意愿、担保能力或抵(质)押物价值及变现能力。

③贷款调查应以实地调查为主、间接调查为辅,采取现场核实、电话查问以及信息咨询等途径和方法。

④贷款人在不损害借款人合法权益和风险可控的前提下,可将贷款调查中的部分特定事项审慎委托第三方代为办理,但必须明确第三方的资质条件。贷款人不得将贷款调查的全部事项委托第三方完成。

⑤贷款人应建立并严格执行贷款面谈制度。

(2)风险评价与审批。

①贷款审查应对贷款调查内容的合法性、合理性、准确性进行全面审查,重点关注调查人的尽职情况和借款人的偿还能力、诚信状况、担保情况、抵(质)押比率、风险程度等。

②贷款风险评价应以分析借款人现金收入为基础,采取定量和定性分析方法,全面、动态地进行贷款审查和风险评估。贷款人应建立和完善借款人信用记录和评价体系。

③贷款人应根据审慎性原则,完善授权管理制度,规范审批操作流程,明确贷款审批权限,实行审贷分离和授权审批,确保贷款审批人员按照授权独立审批贷款。

(3)协议与发放。

①借款合同应符合《中华人民共和国合同法》的规定,明确约定各方当事人的诚信承诺和贷款资金的用途、支付对象(范围)、支付金额、支付条件、支付方式等。

②贷款人应依照《中华人民共和国物权法》《中华人民共和国担保法》等法律法规的相关规定,规范担保流程与操作。按合同约定办理抵押物登记的,贷款人应当参与。贷款人委托第三方办理的,应对抵押物登记情况予以核实。以保证方式担保的个人贷款,贷款人应由不少于两名信贷人员完成。

③贷款人应加强对贷款的发放管理,遵循审贷与放贷分离的原则,设立独立的放款管理部门或岗位,负责落实放款条件、发放满足约定条件的个人贷款。

(4)支付管理。

①贷款人应按照借款合同约定,通过贷款人受托支付或借款人自主支付的方式对贷款资金的支付进行管理与控制。

②采用贷款人受托支付的，贷款人应要求借款人在使用贷款时提出支付申请，并授权贷款人按合同约定方式支付贷款资金。贷款人应在贷款资金发放前审核借款人相关交易资料和凭证是否符合合同约定条件，支付后做好有关细节的认定记录。

③贷款人受托支付完成后，应详细记录资金流向，归集保存相关凭证。

④有下列情形之一的个人贷款，经贷款人同意可以采取借款人自主支付方式：借款人无法事先确定具体交易对象且金额不超过30万元人民币的；借款人交易对象不具备条件有效使用非现金结算方式的；贷款资金用于生产经营且金额不超过50万元人民币的；法律法规规定的其他情形的。

⑤采用借款人自主支付的，贷款人应与借款人在借款合同中事先约定，要求借款人定期报告或告知贷款人贷款资金支付情况。贷款人应当通过账户分析、凭证查验或现场调查等方式，核查贷款支付是否符合约定用途。

(5)贷后管理。

①个人贷款支付后，贷款人应采取有效方式对贷款资金使用、借款人的信用及担保情况变化等进行跟踪检查和监控分析，确保贷款资产安全。

②贷款人应区分个人贷款的品种、对象、金额等，确定贷款检查的相应方式、内容和频度。

③经贷款人同意，个人贷款可以展期。1年以内(含1年)的个人贷款，展期期限累计不得超过原贷款期限；1年以上的个人贷款，展期期限累计与原贷款期限相加，不得超过该贷款品种规定的最长贷款期限。

高频考点2　房地产开发贷款与个人住房贷款的风险管理

(1)房地产开发贷款的风险管理。

①商业银行对未取得国有土地使用证、建设用地规划许可证、建设工程规划许可证、建筑工程施工许可证的项目不得发放任何形式的贷款。

②商业银行对申请贷款的房地产开发企业，应要求其开发项目资本金比例不低于35%。

③商业银行应对有逾期未还款或有欠息现象的房地产开发企业销售款进行监控，在收回贷款本息之前，防止将销售款挪作他用。

(2)个人住房贷款的风险管理。

①商业银行制定的个人住房贷款申请文件应包括借款人基本情况、借款人收支情况、借款人资产表、借款人现住房情况、借款人购房贷款资料、担保方式、借款人声明等要素。

②商业银行应根据各地市场情况的不同制定合理的贷款成数上限，但所有住房贷款的贷款成数不超过80%。

③商业银行应着重考核借款人还款能力。应将借款人住房贷款的月房产支出与收入比控制在50%以下(含50%)，月所有债务支出与收入比控制在55%以下(含55%)。

房产支出与收入比=(本次贷款的月还款额+月物业管理费)/月均收入×100%

所有债务与收入比=(本次贷款的月还款额+月物业管理费+其他债务月均偿付额)/月均收入×100%

高频考点3　国家助学贷款与商业助学贷款的相关规定

(1)国家助学贷款的相关规定。

①对毕业后自愿到国家需要的艰苦地区、艰苦行业工作，服务期达到一定年限的借款学生，经批准可以奖学金方式代偿其贷款本息。

②改革经办银行确定办法。改变目前由国家指定商业银行办理国家助学贷款业务的做法,实行由政府按隶属关系委托全国和省级国家助学贷款管理中心通过招投标方式确定国家助学贷款经办银行。参与竞标的银行必须是经国务院银行业监督管理机构会批准、有条件经办国家助学贷款业务的银行。经办银行一经确定,由国家助学贷款管理中心与银行签订具有法律效力的贷款合作协议。国家助学贷款管理中心要按协议约定及时足额支付贴息和风险补偿资金,配合银行做好催收还款工作,努力降低金融风险。

③对普通高校实行借款总额包干办法。普通高校每年的借款总额原则上按全日制普通本专科学生(含高职学生)、研究生以及第二学士学位在校生总数20%的比例,每人每年6000元的标准计算确定。

④为鼓励银行积极开展国家助学贷款业务,按照“风险分担”原则,建立国家助学贷款风险补偿机制。按隶属关系,由财政和普通高校按贷款当年发生额的一定比例建立国家助学贷款风险补偿专项资金,给予经办银行适当补偿,具体比例在招投标时确定。国家助学贷款风险补偿专项资金由财政和普通高校各承担50%;每所普通高校承担的部分与该校毕业学生的还款情况挂钩。风险补偿专项资金由各级国家助学贷款管理中心负责管理。

⑤学生在读期间利息全部由财政补贴。国家助学贷款利率执行中国人民银行同期公布的同档次基准利率,不上浮。借款学生在读期间的贷款利息由财政全额补贴。

⑥各省级学生资助管理部门、各高校要合理利用国家助学贷款风险补偿金结余奖励资金、社会捐资助学资金或学生奖助基金,建立国家助学贷款还款救助机制,用于救助特别困难的毕业借款学生。对于因病丧失劳动能力、家庭遭遇重大自然灾害、家庭成员患有重大疾病以及经济收入特别低的毕业借款学生,如确实无法按期偿还贷款,可向经办机构提出救助申请并提供相关书面证明,经办机构核实后,可启动救助机制为其代偿应还本息。

⑦各级金融监管部门对国家助学贷款业务监管时,综合考虑风险补偿金的缓释作用,对符合相关政策要求的风险补偿金覆盖部分适用零风险权重,未覆盖部分采用75%的风险权重。各经办银行对国家助学贷款业务要单立台账、单设科目、单独统计和考核。

(2)商业助学贷款的相关规定。

①贷款期限。原则上为借款人在校学制年限加6年;对借款人毕业后继续攻读学位的,借款人在校年限和助学贷款期限可相应延长(助学贷款期限延长须经贷款人许可)。

②贷款利率。按中国人民银行规定的利率政策执行,原则上不上浮。

③贷款金额。最高限额不超过借款人在校年限内所在学校的学费、住宿费和基本生活费;贷款人可根据借款人需要发放人民币或者外币商业助学贷款。

④贷款担保。贷款人发放商业助学贷款可要求借款人提供担保,担保方式可采用抵押、质押、保证或其组合,贷款人也可要求借款人投保相关保险。借款人采用抵押、质押担保的,贷款人应要求提供本机构认可的抵质押物。

⑤借款合同需要变更的,必须经借贷双方协商同意,并依法签订变更协议。涉及第三方担保的,变更条款还应征得第三方担保人同意。协议未达成之前,原借款合同继续有效。

⑥对借款人、担保人在贷款期间发生的违约行为,贷款人可根据借款合同约定:要求限期纠正违约行为;要求增加所减少的相应价值的抵(质)押物,或更换保证人;停止发放尚未使用的贷款;在原贷款利率基础上加收罚息;提前收回部分或全部贷款本息;向保证人追偿;依据有关法律及规定处分抵(质)押物;向仲裁机关申请仲裁或向人民法院起诉。